INDIGO

Arbeitsheft

Rechtschreiben

Ute Wetter und Karl Fedke

Mildenberger

Inhaltsverzeichnis

Wie ist das Arbeitsheft aufgebaut?

Das **Arbeitsheft Rechtschreiben** zum **Wörterbuch INDIGO** eignet sich besonders für den Unterricht und die Arbeit mit **heterogenen Lerngruppen**. Orientiert an den Rechtschreibtipps im Wörterbuch INDIGO werden in 7 Kapiteln systematisch wichtige Rechtschreibstrategien angeleitet und trainiert: **Nachschlagen im Wörterbuch, Silben mitsprechen, Großschreibung, Verlängern, Wortfamilien richtig schreiben, Ableiten** und **Merkwörter lernen.** Der Wortschatz, an dem die Schülerinnen und Schüler in diesem Heft arbeiten, bezieht sich auf den blauen Teil des Wörterbuchs INDIGO.

Der Erwerb von **Grundlagen zum schriftsprachlichen Gebrauch der deutschen Sprache** wird hier nach folgenden didaktischen Prinzipien organisiert:

- Der Erwerb des Richtigschreibens geschieht im **strategiegeleiteten Prozess**. Hierzu werden vielfältige Arbeitshilfen und Übungen angeboten.
- Konsequent wird an den **silbenorientierten Ansatz** im Wörterbuch INDIGO angeknüpft. Daher findet sich auch der Silbentrenner (blau/rot) als Rechtschreibhilfe bei der Darstellung von Wörtern, vor allem in den Kapiteln **Silben mitsprechen** und **Verlängern**.

Das Heft kann gemeinsam im Unterricht, aber auch zur Differenzierung für einzelne Schülerinnen und Schüler, **unabhängig von Alter und Klassenstufe**, eingesetzt werden. Das eingeheftete **Lösungsheft** ermöglicht eine einfache Selbstkontrolle.

Wie kann man mit dem Arbeitsheft arbeiten?

Das Heft wird als gemeinsames Unterrichtsmaterial genutzt:

1. Jede Rechtschreibstrategie wird zu Beginn des Kapitels mit einer szenischen Darstellung anschaulich eingeführt. Von dieser Situation ausgehend wird ein Wortschatz erarbeitet, der das jeweilige Rechtschreibphänomen in den Mittelpunkt rückt. Die sich anschließende Regel dient der Festigung des bereits angewendeten Inhalts.
2. Immer wiederkehrende kleinschrittige Aufgaben führen vom genauen **Sprechen, Hören und Lesen** hin zum **Schreiben** und **Nachschlagen**, werden gemeinsam erarbeitet und ermöglichen das Verstehen und die Anwendung von Strategien zum Richtigschreiben. Die Lösungen werden mit allen besprochen und dann selbstständig eingetragen und verglichen.

Das Heft wird als Arbeitsmaterial selbstständig genutzt:

1. Die kurzen Satzmuster in den Sprechblasen werden zu Beginn jedes Kapitels selbstständig mithilfe der **Arbeitsaufträge** und der **Merksätze** erarbeitet. Symbole zu Beginn ergänzen und verdeutlichen die Arbeitsaufträge. **Lesen, Sprechen, Schreiben** und **Verstehen** können **im eigenen Rhythmus** erfolgen und die Kontrolle kann selbstständig mithilfe der Lösungsseiten durchgeführt werden.
2. Zur weiteren Differenzierung besteht die Möglichkeit, **mit Partnern zusammenzuarbeiten** oder die Wörter der einzelnen Aufgaben ins eigene Heft zu übertragen oder zu ergänzen. In Partnerarbeit kann die Übertragung des Gelernten gelingen, z. B. durch Erstellen von Plakaten mit Wörtersammlungen oder gegenseitiges Korrigieren von diktierten, kurzen Sätzen aus den Sprechblasenzenen zu Beginn der Kapitel.
3. Im **Anhang** finden die Schülerinnen und Schüler die **Rechtschreibtipps im Überblick** noch einmal zusammengefasst sowie ein alphabetisches **Glossar mit wesentlichen Begriffen zur Grammatik und Rechtschreibung** der deutschen Sprache. Dieser Teil des Heftes kann zur schnellen Orientierung in der Rechtschreibung hilfreich sein. Er dient entweder:
   - als mögliche Nachschlagehilfe oder
   - als Möglichkeit, die angegebenen Beispiele mit eigenen Wörtern zu ergänzen.

Erklärung der Aufgabensymbole

nachschlagen im Wörterbuch INDIGO

schreiben

sprechen und hören

1 Nachschlagen im Wörterbuch

1 **Sprich die Sätze und höre genau.**

2 **Ordne die Namen aus den Sprechblasen nach dem Abc.**

1. Anna
2. ______________________
3. ______________________
4. ______________________
5. ______________________
6. ______________________

! Die Buchstaben des Alphabets brauchst du, wenn du Wörter schreiben willst. Es gibt Großbuchstaben und Kleinbuchstaben.
Beispiel: **Anna**

> **!** Die Wörter im Wörterbuch sind nach dem Abc geordnet. Sprich deutlich, dann kannst du das Wort finden. Achte auf den ersten Buchstaben.
> Beispiel: **B**anane

3 
Sprich die Wörter und ordne sie nach dem Abc.
Schreibe die Seitenzahlen des Wörterbuchs dazu.

Uhr  Drachen  Yak  Cent  Wetter 

Afrika  Fest  Ziege  Igel  Pullover 

Nase  Markt  Regal  Honig  Obst  Kino 

Ende 

Quark  Joghurt  Vogel  ~~Xylofon~~ 

Sofa  Gabel  Teppich  Banane  Laterne 

	Wörter	Seite		Wörter	Seite
A			**N**		
B			**O**		
C			**P**		
D			**Q**		
E			**R**		
F			**S**		
G			**T**		
H			**U**		
I			**V**		
J			**W**		
K			**X**	Xylofon	266
L			**Y**		
M			**Z**		

4 Finde den Buchstaben im Abc. Steht er vorne, in der Mitte oder hinten im Abc? Schreibe die Buchstaben in die Tabelle.

~~B~~ F S V K H N R O

A B C D E F G H	I J K L M N O P	Q R S T U V W X Y Z
vorne	in der Mitte	hinten
B		

5 Ergänze die Großbuchstaben und die Kleinbuchstaben, die vorne im Abc stehen.

	B						
	b						

6 Welche Buchstaben stehen davor und dahinter? Schreibe sie in die Kästchen.

	A	B	L	M	N
	H			E	
	X			B	
	F			O	
	Y			I	
	C			S	
	G			W	
	D			L	

7 **Ergänze die Großbuchstaben und die Kleinbuchstaben, die in der Mitte des Abc stehen.**

	J						
	j						

8 **Ergänze den Nachfolger im Abc. Schreibe ihn in das Kästchen.**

I	J
L	
O	
M	
K	
J	

Ergänze den Vorgänger im Abc. Schreibe ihn in das Kästchen.

O	P
	N
	K
	J
	M
	O

9 **Ordne die Wörter nach dem Abc. Achte auf den ersten Buchstaben.**

Kamm

~~Italien~~

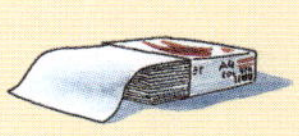
Papier

Markt

Joghurt

Post

Nest

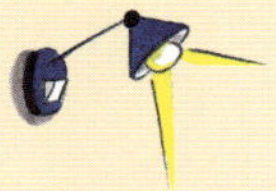
Lampe

Italien
____
____
____

____
____
____
____

10 Ergänze die Großbuchstaben und die Kleinbuchstaben, die hinten im ABC stehen.

	R								
	r								

11 Welche Buchstaben stehen davor und dahinter? Schreibe sie in die Kästchen.

X	Y	Z		W	
	T			V	
	X			R	
	S			Q	
	P			O	

12 Ordne die Wörter nach dem Abc. Achte auf den ersten Buchstaben.

~~Praline~~ Reporter Zug
Wetter Terrasse verlieren

Wald Shampoo ~~Quark~~
Zebra unten Yeti

Praline

Quark

!

Silben bestehen aus **Vokalen** (Selbstlauten) und **Konsonanten** (Mitlauten).

Das sind die Vokale: **a, e, i, o, u**

Das sind die Konsonanten: **b, c, d, f, g, h, j, k, l, m, n, p, q, r, s, t, v, w, x, y, z**

Diese Buchstaben nennt man Umlaute: **ä, ö, ü**. Sie sind im Wörterbuch unter a, o, u eingeordnet.

Es gibt auch Zwielaute: **ai, au, äu, ei, eu**

Wie schreibe ich das Wort **Hygiene?**

Ich schaue beim **Buchstaben H** im Wörterbuch nach.

13 **Wo findest du die Wörter im Wörterbuch? Schreibe den Plural und die Seitenzahl dazu.**

Wort	Plural	Seite
das Fest		
der Bär	die Bären	92
der Ball		
das Müsli		
das Ei		
der Euro		
das Öl		
der Füller		
der Hai		
der Eimer		

14 **Kreise die Umlaute ä, ö, ü bei den Wörtern von Aufgabe 13 ein.**

1 Nachschlagen im Wörterbuch

! Wenn bei Wörtern der erste Buchstabe gleich ist, dann achte auf den **zweiten** Buchstaben.
Beispiel: **Ba**d, **Bu**s

15 **Sprich die Wörter und ordne sie nach dem Abc. Achte auf die ersten beiden Buchstaben.**

Bett ~~Bank~~ Buntstift ~~Bär~~ Brief Bonbon

Bank

Bär

Ecke Experte Esel Eltern Euter Erbse

Gyros Grill Gurt Gemüse Gabel Glück

Igel Italien Imbiss Idee Irland Insel

Ufer Umweg Urlaub Unfall Uhr U-Bahn

Zwiebel Zimt Zug Zange Zelt Zopf

! Wenn bei Wörtern der erste und der zweite Buchstabe gleich sind, dann achte auf den **dritten** Buchstaben.
Beispiel: **Sal**ami, **San**d

16 Sprich die Wörter und ordne sie nach dem Abc. Achte auf die ersten drei Buchstaben.

Lauch Laterne Laptop Lama Land ~~Laden~~

Laden

______

______

______

______

______

Dose Dolmetscher Dorf Donnerstag Doktor Dom

______

______

______

______

______

______

Kette Kellner Kerze Kegel Keyboard Keks

______

______

______

______

______

______

Mathematik Mais Mama Markt Maske Mantel

______

______

______

______

______

______

Tiger Tipp Tisch Tinte Ticket Tier

______

______

______

______

______

______

Wecker Wetter Welt Wespe Weg Weihnachten

______

______

______

______

______

______

1 Nachschlagen im Wörterbuch

> **!** Manchmal sprichst und hörst du anders, als du schreibst.
> Beispiel: **Sp**inne (*schp*), **St**art (*scht*)

17 **Finde 10 Nomen mit „Sp“ und 10 Nomen mit „St“ auf der Seite 228 im Wörterbuch.**

Sp … *(schp)*	**St** … *(scht)*
die Spritze	der Staat

18 **Verbinde die Nomen und die Verben, die den gleichen Wortanfang haben.**

die Spende — die Sprache — der Staub — der Start — das Spiel

sprechen — starten — stauben — spenden — spielen

!

Ein **Y/y** hörst und sprichst du wie ein Ü/ü oder wie ein I/i oder ein J/j.
Beispiel: Thymian, Baby, Yeti

Ein **C/c** oder **Ch/ch** hörst und sprichst du oft wie ein S/s oder wie ein K/k.
Beispiel: Cent, Comic, Chaos

Ein **Ch/ch** hörst und sprichst du aber auch manchmal wie ein Sch/sch.
Beispiel: Chef

Ein **C/c** oder **Ch/ch** hörst und sprichst du manchmal wie ein Tsch/tsch.
Beispiel: Cello, Chat

19 **Schreibe die Wörter mit Y oder y.**

Th___mian   Ba_y_ern   ___eti   Bab___   X___lofon   ___oga

Y/y wie **I/i** Bayern ______________ ______________

Y/y wie **Ü/ü** ______________ ______________

Y/y wie **J/j** ______________ ______________

20 **Finde und schreibe die Wörter mit Artikel im Singular und im Plural.**

Singular	Plural
der Cent	die Cent

1 Nachschlagen im Wörterbuch

> **!**
> Wörter oder Silben mit **V/v** hörst und sprichst du **wie F/f**.
> Beispiel: Vogel
> Oder du hörst und sprichst das **V/v wie W/w**.
> Beispiel: Verb

21 **Schreibe die Wörter mit V/v oder F/f oder W/w.**
Finde die Wörter im Wörterbuch und schreibe die Seitenzahlen dazu.

die V okabel   die ___ase   der ___erband   ___ier   der No___ember

der ___ind   der ___ater   ___oll   der ___ogel   der Pullo___er

das ___est   das ___oto   das ___eihnachten   das ___olk   der ___ulkan

der Karne___al   das Kla___ier   die ___amilie   das Pul___er   pri___at

Wort	Seite	Wort	Seite
die Vokabel	256		

22 **Schreibe V/v, F/f oder W/w.**

Die Bäume rauschen im W ind. Elena lernt die ___okabeln. ___eihnachten ist ein ___est in unserer ___amilie. Mein ___ater sammelt gern ___otos. Im Nest sitzt ein schöner ___ogel. Im Monat ___ebruar ___eiern ___ir Karne___al. Ali lernt jeden Tag ___ier neue ___örter.

!

Im Wörterbuch sind die **Hauptstichwörter** fett gedruckt.
Bei den Nomen (Namenwörtern) findest du zuerst die Singularform (Einzahl), dann die Pluralform (Mehrzahl).
Beispiel: **der Affe**, **die Affen**

Manche Nomen (Namenwörter) stehen nicht als Hauptstichwörter im Wörterbuch. Suche das erste (Bestimmungs-)Wort, wenn du das Nomen (Namenwort) finden willst.
Beispiel: die Kindheit, **das Kind**

23 **Wo findest du die Wörter im Wörterbuch? Schreibe das Hauptstichwort und die Seitenzahl dazu.**

Wort	Hauptstichwort	Seite
die Affen	der Affe	79
die Kindheit	das Kind	
der Lastkraftwagen		
die Feigen		
das Fladenbrot		
die Ausblicke		
die Augenbraue		
das Fensterbrett		

24 **Finde die beiden Nomen, aus denen das Wort zusammengesetzt ist, und die Seitenzahlen. Schreibe das zusammengesetzte Wort.**

	Seite		Seite	
	185		204	der Ohrring

		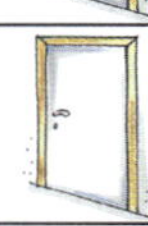		
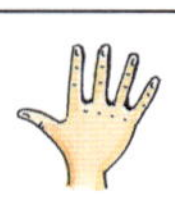				

1 Nachschlagen im Wörterbuch

Verben (Tunwörter) verändern sich in der Personalform. Sie haben verschiedene Zeitformen. Suche den **Infinitiv** (Grundform), wenn du die 3. Person Singular (Einzahl) finden willst.
Beispiel: **lernen**, sie lernt

25 **Finde die Verben im Wörterbuch. Sprich und schreibe sie im Infinitiv und in der 3. Person Singular.**

		Seite	
	anschauen	83	Er schaut sie an.
		91	Sie ____________ am Abend.
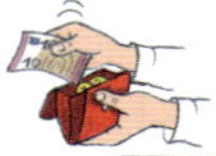		99	Sie ____________ die Rechnung.
		115	Er ____________.
		156	Er ____________ laut.
		227	Es ____________ hoch.

26 **Sprich und schreibe die unregelmäßigen Verben in der 3. Person Singular im Präsens (Gegenwart), Präteritum (1. Vergangenheit) und Perfekt (2. Vergangenheit). Schreibe die Seitenzahlen des Wörterbuchs dazu.**

	Präsens	Präteritum	Perfekt	Seite
laufen	er läuft	er lief	er ist gelaufen	166
leiden				
leihen				
essen				
sprechen				
greifen				
lesen				
reiten				

! Das **Hauptstichwort** im Wörterbuch ist manchmal das Nomen (Namenwort) und manchmal das Verb (Tunwort).

27 **Wo findest du diese Wörter im Wörterbuch?**
Kreise die Hauptstichwörter ein.

Schutz Läufer Ende Qual verkleiden wohnen Käufer enden Wohnung lenken schützen Lenker diktieren küssen kaufen Gruß laufen Kuss Verkleidung Diktat grüßen quälen zuckern

28 **Schreibe die Nomen und die Verben von Aufgabe 27 auf.**
Schreibe die Seitenzahlen des Wörterbuchs dazu.

Nomen (Namenwörter)	Verben (Tunwörter)	Seite
das Diktat	diktieren	109

2 Wörter und Silben mitsprechen

1 Sprich die Sätze und höre genau.

2 Finde die 15 Wörter in den Sprechblasen mit 2 Silben. Schreibe in zwei Farben.

Sina ______ ______ ______

______ ______ ______

______ ______ ______

______ ______ ______

______ ______ ______

!

Wörter sind aus **Silben** gebaut. Du kannst die Wörter deutlich in Silben sprechen. Die Silben sind in **Blau** und **Rot** geschrieben. Deutsche Wörter haben oft zwei Silben.
Beispiel: **Roller**, **essen**

! Deutsche Wörter haben oft **zwei Silben**. Beispiel: **Tafel**, **Hose**, **malen**
Die erste Silbe ist die Hauptsilbe. Beispiel: **Ta**-fel, **Ho**-se, **ma**-len
Die letzte Silbe im Wort ist die Endsilbe. Beispiel: Ta-**fel**, Ho-**se**, ma-**len**

3 Schreibe die Wörter in zwei Farben.

~~En~~	Sa	fel	chen	ro	ke	sche	Ha	to	Eu
~~te~~	Ta	lat	Na	Fla	se	Ku	Au	se	Gur

Ente ____________________

____

____

____

____

____

____

____

____

____

4 Finde die Wörter mit der gleichen Anfangssilbe. Verbinde.

Banane	Sirene	Reporter	Dokument	Unterricht
Religion	Ungeheuer	Badewanne	Sirup	Domino

5 Schreibe die Wörter von Aufgabe 4 in zwei Farben.

Banane ____________________ Badewanne ____________________

____________________ ____________________

____________________ ____________________

____________________ ____________________

____________________ ____________________

2 Wörter und Silben mitsprechen

! Bei vielen Wörtern hilft es, deutlich und in **Silben** zu sprechen.
Dann ist es leichter, die Wörter richtig zu schreiben.
Beispiel: Haus, **Bru-der, Haus-meis-ter, Scho-ko-la-de**

6 **Ordne die Wörter nach der Anzahl der Silben. Schreibe in zwei Farben.**

~~Haus~~ ~~Bruder~~ ~~Hausmeister~~ Zebra Papagei
Schwein Vogel Wald Rabe Pferd Sand
Hund Krokodil Ente Eichhörnchen Giraffe
Schildkröte Lied Reißverschluss Nachbar Möwe

Wörter mit einer Silbe	Wörter mit zwei Silben	Wörter mit drei Silben
Haus	Bruder	Hausmeister

7 **Sprich und schreibe die Wörter in zwei Farben.**

gehen ________ ________
________ ________
________ ________

~~gehen~~ nähen
mähen stehen
wehen sehen

> **!** Du sprichst das Wort in Silben und kannst hören, ob es mit einem **Doppelkonsonanten** (Doppelmitlaut) geschrieben wird.
> Beispiel: Affe, Bagger

Schreibe ich das Wort **Affe** mit einem f oder mit zwei ff?

Ich spreche **Af-fe**, also schreibe ich das Wort Affe mit ff.

8 **Sprich und schreibe die Wörter in Silben.**

~~Affe~~ klettern Brille wollen Koffer essen
Robbe bitten kommen Pommes Pizza kennen

Affe ______________________ ______________________

______________________ ______________________

______________________ ______________________

______________________ ______________________

______________________ ______________________

______________________ ______________________

9 **Sprich und schreibe einige Wörter von Aufgabe 8. Setze sie richtig in die Sätze ein.**

Die Kinder kommen zu dem Fest. Sie __________

__________ und __________.

Eva und Maria __________ in den Zoo. Sie sehen dort eine __________.

Ein __________ will auf einen Felsen __________.

Tim packt seinen __________. Lea kauft eine neue __________.

2 Wörter und Silben mitsprechen

> **!** Manche Wörter mit zwei **Konsonanten** (Mitlauten) hintereinander sprichst du wie ein Wort mit einem **Doppelkonsonanten** (Doppelmitlaut).
> Beispiel: Zu**ck**er (sprich Zuk-ker), Ka**tz**e (sprich Kat-ze)
> Es gibt nur wenige Wörter mit **kk** oder **zz**.
> Beispiel: Pi**zz**a, Me**kk**a

10 **Sprich und schreibe die Wörter in Silben.**

~~der Zucker~~ der Wecker backen die Verletzung der Trecker
die Hitze die Fackel die Tatze die Brücke putzen sitzen ~~die Katze~~

ck	tz
der Zucker	die Katze

11 **Sprich und schreibe einige Wörter von Aufgabe 10. Setze sie richtig in die Sätze ein.**

Jonathan und Lorenz putzen ihre Fahrräder.

Jeden Morgen klingelt der ____________.

Der ____________ mit den großen Rädern fährt über die ____________.

Pablo freut sich über die ____________, auch wenn er schwitzt.

Lea streichelt ihre schnurrende ____________.

Buruk und Maria ____________ gemütlich in der Sonne.

Markus hat eine ______________ am Knie.

! Auch Wörter mit mehreren verschiedenen **Konsonanten** (Mitlauten) kannst du richtig schreiben, wenn du die Silben deutlich sprichst und hörst.
Beispiel: springen, der Anker

12 **Sprich und schreibe die Wörter in Silben.**

die Kinder	tanzen	die Hunde	die Birne	der Junge	springen	zupfen
~~der Anker~~	fangen	die Kiste	der Garten	trinken	schlüpfen	pflanzen

der Anker ______________ ______________

______________ ______________

______________ ______________

______________ ______________

______________ ______________

______________ ______________

______________ ______________

13 **Sprich und schreibe einige Wörter von Aufgabe 12. Setze sie richtig in die Sätze ein.**

Elias und Markus holen den Anker ins Boot.

Lea und Fatima ______________ Cola.

Die ______________ ______________ den Stock.

Der ______________ legt die reife ______________ in die ______________.

Die Küken ______________ aus dem Ei.

Die Großeltern ______________ Blumen und ______________ Unkraut.

Die ______________ ______________ und ______________ im ______________.

2 Wörter und Silben mitsprechen

! Wörter mit ie kannst du richtig schreiben, wenn du die Silben deutlich sprichst.
Beispiel: die Liebe, spielen

14 **Sprich und schreibe die Wörter mit ie. Schreibe sie mit den Artikeln und in zwei Farben.**

Zw___bel	Fl_ie_ge	Z___ge	M___te	Z___gel	L___der
R___se	B___ne	L___be	D___be	Fr___den	T___fe

die Fliege ____________________ ____________________

____________________ ____________________

____________________ ____________________

____________________ ____________________

____________________ ____________________

____________________ ____________________

15 **Sprich und schreibe die Verben mit ie. Schreibe sie in zwei Farben.**

l_ie_gen	sp___len	fl___gen	z___len	sp___geln
m___ten	w___gen	s___gen	l___ben	kr___chen

liegen ____________________ ____________________

____________________ ____________________

____________________ ____________________

____________________ ____________________

____________________ ____________________

! Fast alle Wörter mit dem i-Laut am Silbenende schreibst du mit ie.
Hörst du nach dem i in der ersten Silbe keinen weiteren Buchstaben, dann schreibst du ie.
Beispiel: riechen, frieren

16 Schreibe die Verben mit ie. Ordne die Wörter nach dem Abc und schreibe in zwei Farben.

b_ie_gen fr___ren s___gen r___chen z___hen m___ten

l___gen g___ßen schl___ßen d___nen l___fern n___sen

biegen ______________ ______________

______________ ______________

______________ ______________

______________ ______________

______________ ______________

______________ ______________

17 Sprich und schreibe die 3. Person Singular zu den Verben von Aufgabe 16.

er biegt ______________ ______________

______________ ______________

______________ ______________

______________ ______________

______________ ______________

______________ ______________

3 Großschreibung trainieren

1 Sprich die Sätze und höre genau.

2 Finde 10 Nomen in den Sprechblasen.

Brot ____________

____________ ____________

____________ ____________

____________ ____________

____________ ____________

____

! **Nomen** (Namenwörter) werden großgeschrieben. Nomen sind Namen von Menschen, Tieren, Pflanzen und Gegenständen.
Beispiel: **P**eter, **K**ind, **H**und, **B**lume, **H**aus, **B**erlin

!

Vor Nomen (Namenwörtern) stehen oft **Artikel** (Begleiter).
Beispiel: die Uhr

Du kannst Nomen mithilfe der „der - die - das -Probe" erkennen.
Ausnahme: Eigennamen stehen meistens ohne Artikel (Begleiter).
Beispiel: Peter, Berlin

Wird das Wort **Uhr** großgeschrieben?

Zu dem Wort **Uhr** gehört ein Artikel: die **Uhr.** Also wird das Wort **Uhr** großgeschrieben.

3 **Schreibe die Nomen von Aufgabe 2 mit ihren Artikeln auf.**

das Brot	___
___	___
___	___
___	___
___	___

4 **Welche Wörter sind Nomen? Schreibe sie mit ihren Artikeln auf und achte auf die Großschreibung.**

~~tisch~~ haus salat geht dorf in glas fleisch

kaufen melone kaffee uhr auf apfel ist

der Tisch	___
___	___
___	___
___	___
___	___

3 Großschreibung trainieren

> **!** **Abstrakte Nomen** (Namenwörter) kann man nicht sehen oder anfassen. Auch sie werden großgeschrieben und haben einen Artikel (Begleiter).
> Beispiel: das **G**lück

5 **Unterstreiche in dem Text die Nomen.**

Urlaub am Meer

Laura reist im Sommer gern mit ihrer Freundin Fatima auf eine Insel. Sie hat Mut und taucht in die Wellen. Fatima sammelt gern Muscheln im Sand. Die beiden Mädchen verbindet eine enge Freundschaft. Sie treffen Lorenz. Er fährt gern mit dem Strandsegler und hat Glück. Die Miete für die Fahrzeuge ist billig. Er hat keine Angst. Voller Stolz fährt er am Strand entlang.

6 **Schreibe alle Nomen mit ihren Artikeln auf. Achtung! Bei Eigennamen gibt es oft keinen Artikel.**

der Urlaub	

!

Auch Wörter mit den Wortbausteinen **-heit** und **-keit** am Ende des Wortes sind Nomen (Namenwörter). Sie werden großgeschrieben. Beispiel: die Freundlich**keit**, die Ho**heit**

7 **Finde die Nomen mit -heit oder -keit zu den Adjektiven und schreibe sie mit dem Artikel auf.**

-heit -keit

freundlich	die Freundlichkeit
frech	__________
sauber	__________
gesund	__________
dunkel	__________
pünktlich	__________
einsam	__________
heiser	__________
dumm	__________
trocken	__________

8 **Sprich und schreibe die richtigen Nomen mit -heit oder -keit. Setze sie in die Sätze ein.**

Die Schauspielerin ist sehr schön. Nur wegen ihrer Schönheit bekommt sie aber nicht die Hauptrolle.

Meine Oma ist krank. Sie muss wegen ihrer __________ im Bett liegen.

Oles Opa ist heiser. Er kann wegen seiner __________ nicht sprechen.

Laura ist ehrlich. Ihre Freundin mag sie sehr wegen ihrer __________.

> **!** Auch Wörter mit den Wortbausteinen **-nis** und **-ung** am Ende des Wortes sind Nomen (Namenwörter). Sie werden großgeschrieben.
> Beispiel: die Erzähl**ung**, das Hinder**nis**

9 **Finde das Nomen mit dem Wortbaustein -ung zu jedem Verb und schreibe es mit dem Artikel auf.**

~~erzählen~~	kühlen	heizen	ordnen	wohnen	leisten
befreien	betreuen	impfen	wandern	rechnen	hoffen

-ung

die Erzählung

10 **Finde das Nomen mit dem Wortbaustein -nis. Schreibe das Nomen im Singular und im Plural.**

-nis

erleben	das Erlebnis	die Erlebnisse
erzeugen		
hindern		
ergeben		
wagen		
gefangen		
geheim		

Das **erste Wort eines Satzes** beginnt mit einem Großbuchstaben.
Beispiel: Der Hund ist zahm.

11 **Unterstreiche alle 16 Nomen im Text. Schreibe sie mit ihren Artikeln auf und achte auf die Großschreibung. Achtung! Bei Eigennamen gibt es oft keinen Artikel.**

was ist der sinabung?

der sinabung ist ein berg und ist 2640 meter hoch

er spuckt asche und lava der sinabung liegt in indonesien auf einer insel

die insel heißt sumatra die bewohner von sumatra beobachten viel grauen rauch,

der in die luft steigt der vulkan kann sehr gefährlich sein

der Sinabung, ____________________

____

____

____

12 **Schreibe den Text richtig auf. Setze Punkte und achte auf die Großschreibung.**

Was ist der Sinabung? ____________________

____

____

____

____

____

____

____

3 Großschreibung trainieren

!

Verben (Tunwörter) werden kleingeschrieben.
Beispiel: lachen

Ein Verb kann auch zu einem **Nomen werden**. Du kannst die „der - die - das-Probe“ im Satz anwenden. Dann findest du heraus, ob das Wort großgeschrieben wird.
Beispiel: lachen – das Lachen

„Ich mag **das Lachen** der Lehrerin.“ Wird das Wort **lachen** hier großgeschrieben?

In diesem Satz gehört zu dem Wort **lachen** ein Artikel: **das Lachen**. Also ist es hier ein Nomen und wird großgeschrieben.

13 **Sprich die Verben und schreibe die Nomen dazu.**

Verb	Nomen
fahren	das Fahren
schwimmen	
spielen	
treffen	
essen	
lachen	
weinen	

14 **Sprich und schreibe einige Nomen von Aufgabe 13. Setze sie richtig in die Sätze ein.**

Die Kinder lieben das Lachen der Lehrerin.

_______ _____________ auf der Straße ist in der Spielstraße erlaubt.

Laura bereitet _______ _____________ mit ihren Freundinnen vor.

Im Urlaub liebt Eva _______ __________________ im Meer.

Ali mag _______ _____________ mit dem Zug.

_______ ___________ im Restaurant ist teuer.

1 Nachschlagen im Wörterbuch

1 Sprich die Sätze und höre genau.

2 Ordne die Namen aus den Sprechblasen nach dem Abc.

1. Anna
2. Buruk
3. Fatima
4. Jana
5. Pablo
6. Tim

! Die Buchstaben des Alphabets brauchst du, wenn du Wörter schreiben willst. Es gibt Großbuchstaben und Kleinbuchstaben. Beispiel: **Anna**

Nachschlagen im Wörterbuch 1

! Die Wörter im Wörterbuch sind nach dem Abc geordnet. Sprich deutlich, dann kannst du das Wort finden. Achte auf den ersten Buchstaben. Beispiel: **B**anane

3 Sprich die Wörter und ordne sie nach dem Abc. Schreibe die Seitenzahlen des Wörterbuchs dazu.

	Wörter	Seite		Wörter	Seite
A	Afrika	79	N	Nase	181
B	Banane	91	O	Obst	185
C	Cent	105	P	Pullover	196
D	Drachen	111	Q	Quark	197
E	Ende	117	R	Regal	201
F	Fest	125	S	Sofa	224
G	Gabel	130	T	Teppich	237
H	Honig	146	U	Uhr	244
I	Igel	148	V	Vogel	256
J	Joghurt	151	W	Wetter	262
K	Kino	156	X	Xylofon	266
L	Laterne	166	Y	Yak	266
M	Markt	172	Z	Ziege	269

1 Nachschlagen im Wörterbuch

4 Finde den Buchstaben im Abc. Steht er vorne, in der Mitte oder hinten im Abc? Schreibe die Buchstaben in die Tabelle.

~~B~~ ~~F~~ ~~S~~ ~~V~~ ~~K~~ ~~H~~ ~~N~~ ~~R~~ ~~O~~

A B C D E F G H	I J K L M N O P	Q R S T U V W X Y Z
vorne	in der Mitte	hinten
B	K	S
F	N	V
H	O	R

5 Ergänze die Großbuchstaben und die Kleinbuchstaben, die vorne im Abc stehen.

A **B** C D E F G H
a **b** c d e f g h

6 Welche Buchstaben stehen davor und dahinter? Schreibe sie in die Kästchen.

	A	B	L	**M**	N
G	**H**	I	D	**E**	F
W	**X**	Y	A	**B**	C
E	**F**	G	N	**O**	P
X	**Y**	Z	H	**I**	J
B	**C**	D	R	**S**	T
F	**G**	H	V	**W**	X
C	**D**	E	K	**L**	M

Nachschlagen im Wörterbuch 1

7 Ergänze die Großbuchstaben und die Kleinbuchstaben, die in der Mitte des Abc stehen.

I **J** K L M N O P
i **j** k l m n o p

8 Ergänze den Nachfolger im Abc. Schreibe ihn in das Kästchen.

Ergänze den Vorgänger im Abc. Schreibe ihn in das Kästchen.

Nachfolger		Vorgänger	
I	J	O	**P**
L	M	M	**N**
O	P	J	**K**
M	N	I	**J**
K	L	L	**M**
J	K	N	**O**

9 Ordne die Wörter nach dem Abc. Achte auf den ersten Buchstaben.

Italien	Joghurt
Kamm	Lampe
Markt	Nest
Papier	Post

1 Nachschlagen im Wörterbuch

10 Ergänze die Großbuchstaben und die Kleinbuchstaben, die hinten im ABC stehen.

Q **R** S T U V W X Y Z

q **r** s t u v w x y z

11 Welche Buchstaben stehen davor und dahinter? Schreibe sie in die Kästchen.

X **Y** Z — V **W** X

S **T** U — U **V** W

W **X** Y — Q **R** S

R **S** T — P **Q** R

O **P** Q — N **O** P

12 Ordne die Wörter nach dem Abc. Achte auf den ersten Buchstaben.

~~Praline~~ ~~Reporter~~ ~~Zug~~ ~~Wetter~~ ~~Terrasse~~ ~~verlieren~~

Praline, Reporter, Terrasse, verlieren, Wetter, Zug

~~Wald~~ ~~Shampoo~~ ~~Quark~~ ~~Zebra~~ ~~unten~~ ~~Yeti~~

Quark, Shampoo, unten, Wald, Yeti, Zebra

Nachschlagen im Wörterbuch 1

Silben bestehen aus **Vokalen** (Selbstlauten) und **Konsonanten** (Mitlauten).
Das sind die Vokale: **a, e, i, o, u**
Das sind die Konsonanten: **b, c, d, f, g, h, j, k, l, m, n, p, q, r, s, t, v, w, x, y, z**
Diese Buchstaben nennt man Umlaute: **ä, ö, ü**. Sie sind im Wörterbuch unter a, o, u eingeordnet.
Es gibt auch Zwielaute: **ai, au, äu, ei, eu**

Wie schreibe ich das Wort **Hygiene**?

Ich schaue beim **Buchstaben H** im Wörterbuch nach.

13 Wo findest du die Wörter im Wörterbuch? Schreibe den Plural und die Seitenzahl dazu.

Wort	Plural	Seite
das Fest	die Feste	125
der Bär	die Bären	92
der Ball	die Bälle	91
das Müsli	die Müsli	179
das Ei	die Eier	114
der Euro	die Euros	121
das Öl	die Öle	186
der Füller	die Füller	129
der Hai	die Haie	141
der Eimer	die Eimer	114

14 Kreise die Umlaute ä, ö, ü bei den Wörtern von Aufgabe 13 ein.

1 Nachschlagen im Wörterbuch

Wenn bei Wörtern der erste Buchstabe gleich ist, dann achte auf den **zweiten** Buchstaben.
Beispiel: **Bad, Bus**

15 Sprich die Wörter und ordne sie nach dem Abc. Achte auf die ersten beiden Buchstaben.

~~Bett~~ ~~Bank~~ ~~Buntstift~~ ~~Bär~~ ~~Brief~~ ~~Bonbon~~

Bank, Bär, Bett, Bonbon, Brief, Buntstift

~~Ecke~~ ~~Experte~~ ~~Esel~~ ~~Eltern~~ ~~Euter~~ ~~Erbse~~

Ecke, Eltern, Erbse, Esel, Euter, Experte

~~Gyros~~ ~~Grill~~ ~~Gurt~~ ~~Gemüse~~ ~~Gabel~~ ~~Glück~~

Gabel, Gemüse, Glück, Grill, Gurt, Gyros

~~Igel~~ ~~Italien~~ ~~Imbiss~~ ~~Idee~~ ~~Irland~~ ~~Insel~~

Idee, Igel, Imbiss, Insel, Irland, Italien

~~Ufer~~ ~~Umweg~~ ~~Urlaub~~ ~~Unfall~~ ~~Uhr~~ ~~U-Bahn~~

U-Bahn, Ufer, Uhr, Umweg, Unfall, Urlaub

~~Zwiebel~~ ~~Zimt~~ ~~Zug~~ ~~Zange~~ ~~Zelt~~ ~~Zopf~~

Zange, Zelt, Zimt, Zopf, Zug, Zwiebel

Nachschlagen im Wörterbuch 1

Wenn bei Wörtern der erste und der zweite Buchstabe gleich sind, dann achte auf den **dritten** Buchstaben.
Beispiel: **Salami, Sand**

16 Sprich die Wörter und ordne sie nach dem Abc. Achte auf die ersten drei Buchstaben.

~~Lauch~~ ~~Laterne~~ ~~Laptop~~ ~~Lama~~ ~~Land~~ ~~Laden~~

Laden, Lama, Land, Laptop, Laterne, Lauch

~~Dose~~ ~~Dolmetscher~~ ~~Dorf~~ ~~Donnerstag~~ ~~Doktor~~ ~~Dom~~

Doktor, Dolmetscher, Dom, Donnerstag, Dorf, Dose

~~Kette~~ ~~Kellner~~ ~~Kerze~~ ~~Kegel~~ ~~Keyboard~~ ~~Keks~~

Kegel, Keks, Kellner, Kerze, Kette, Keyboard

~~Mathematik~~ ~~Mais~~ ~~Mama~~ ~~Markt~~ ~~Maske~~ ~~Mantel~~

Mais, Mama, Mantel, Markt, Maske, Mathematik

~~Tiger~~ ~~Tipp~~ ~~Tisch~~ ~~Tinte~~ ~~Ticket~~ ~~Tier~~

Ticket, Tier, Tiger, Tinte, Tipp, Tisch

~~Wecker~~ ~~Wetter~~ ~~Welt~~ ~~Wespe~~ ~~Weg~~ ~~Weihnachten~~

Wecker, Weg, Weihnachten, Welt, Wespe, Wetter

! Manchmal sprichst und hörst du anders, als du schreibst.
Beispiel: **Sp**inne (*schp*), **St**art (*scht*)

17 **Finde 10 Nomen mit „Sp" und 10 Nomen mit „St" auf der Seite 228 im Wörterbuch.**

Sp … (*schp*)	St … (*scht*)
die Spritze	der Staat
der Spross	der Stab
der Spruch	der Stachel
der Sprudel	das Stadion
der Sprung	die Stadt
die Spucke	die Staffel
die Spule	der Stahl
die Spüle	der Stall
die Spülmaschine	der Stamm
der Spurt	der Ständer

18 **Verbinde die Nomen und die Verben, die den gleichen Wortanfang haben.**

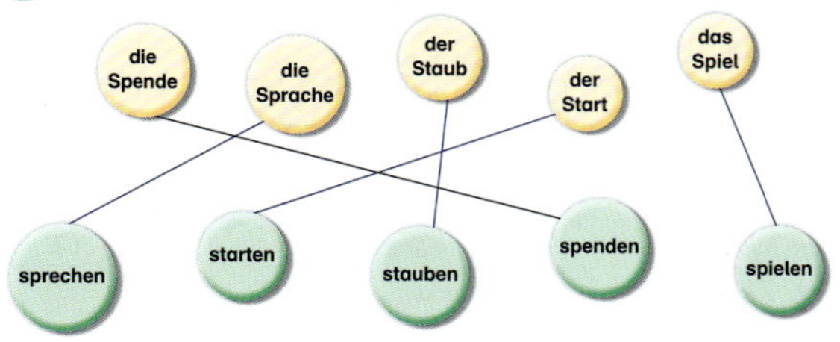

! Ein **Y/y** hörst und sprichst du wie ein Ü/ü oder wie ein I/i oder ein J/j.
Beispiel: Thymian, Baby, Yeti
Ein **C/c** oder **Ch/ch** hörst und sprichst du oft wie ein S/s oder wie ein K/k.
Beispiel: Cent, Comic, Chaos
Ein **Ch/ch** hörst und sprichst du aber auch manchmal wie ein Sch/sch.
Beispiel: Chef
Ein **C/c** oder **Ch/ch** hörst und sprichst du manchmal wie ein Tsch/tsch.
Beispiel: Cello, Chat

19 **Schreibe die Wörter mit Y oder y.**

Thymian   Bayern   Yeti   Baby   Xylofon   Yoga

Y/y wie I/i	Bayern	Baby
Y/y wie Ü/ü	Thymian	Xylofon
Y/y wie J/j	Yeti	Yoga

20 **Finde und schreibe die Wörter mit Artikel im Singular und im Plural.**

Singular	Plural
der Cent	die Cent
das Chamäleon	die Chamäleons
der Christbaum	die Christbäume
der Clown	die Clowns
der Champignon	die Champignons
die Cola	die Colas
der Chicorée	die Chicorées
der Computer	die Computer
der Cousin	die Cousins

! Wörter oder Silben mit **V/v** hörst und sprichst du **wie F/f**.
Beispiel: Vogel
Oder du hörst und sprichst das **V/v wie W/w**.
Beispiel: Verb

21 **Schreibe die Wörter mit V/v oder F/f oder W/w.**
Finde die Wörter im Wörterbuch und schreibe die Seitenzahlen dazu.

die Vokabel   die Vase   der Verband   vier   der November
der Wind   der Vater   voll   der Vogel   der Pullover
das Fest   das Foto   das Weihnachten   das Volk   der Vulkan
der Karneval   das Klavier   die Familie   das Pulver   privat

Wort	Seite	Wort	Seite
die Vokabel	256	das Fest	125
die Vase	249	das Foto	127
der Verband	249	das Weihnachten	261
vier	256	das Volk	256
der November	184	der Vulkan	258
der Wind	263	der Karneval	154
der Vater	249	das Klavier	156
voll	256	die Familie	123
der Vogel	256	das Pulver	197
der Pullover	196	privat	195

22 **Schreibe V/v, F/f oder W/w.**

Die Bäume rauschen im Wind. Elena lernt die Vokabeln. Weihnachten ist ein Fest in unserer Familie. Mein Vater sammelt gern Fotos. Im Nest sitzt ein schöner Vogel. Im Monat Februar feiern wir Karneval. Ali lernt jeden Tag vier neue Wörter.

! Im Wörterbuch sind die **Hauptstichwörter** fett gedruckt.
Bei den Nomen (Namenwörtern) findest du zuerst die Singularform (Einzahl), dann die Pluralform (Mehrzahl).
Beispiel: **der Affe, die Affen**
Manche Nomen (Namenwörter) stehen nicht als Hauptstichwörter im Wörterbuch. Suche das erste (Bestimmungs-)Wort, wenn du das Nomen (Namenwort) finden willst.
Beispiel: die Kindheit, **das Kind**

23 **Wo findest du die Wörter im Wörterbuch?**
Schreibe das Hauptstichwort und die Seitenzahl dazu.

Wort	Hauptstichwort	Seite
die Affen	der Affe	79
die Kindheit	das Kind	155
der Lastkraftwagen	die Last	166
die Feigen	die Feige	124
das Fladenbrot	der Fladen	125
die Ausblicke	der Ausblick	87
die Augenbraue	das Auge	87
das Fensterbrett	das Fenster	124

24 **Finde die beiden Nomen, aus denen das Wort zusammengesetzt ist, und die Seitenzahlen. Schreibe das zusammengesetzte Wort.**

	Seite		Seite	
	185		204	der Ohrring
	143		241	die Haustür
	90		241	die Autotür
	141		217	der Handschuh

1 Nachschlagen im Wörterbuch

! **Verben** (Tunwörter) verändern sich in der Personalform. Sie haben verschiedene Zeitformen. Suche den **Infinitiv** (Grundform), wenn du die 3. Person Singular (Einzahl) finden willst.
Beispiel: **lernen**, sie lernt

25 Finde die Verben im Wörterbuch. Sprich und schreibe sie im Infinitiv und in der 3. Person Singular.

	Seite	
anschauen	83	Er schaut sie an.
baden	91	Sie badet am Abend.
bezahlen	99	Sie bezahlt die Rechnung.
einkaufen	115	Er kauft ein.
klatschen	156	Er klatscht laut.
springen	227	Es springt hoch.

26 Sprich und schreibe die unregelmäßigen Verben in der 3. Person Singular im Präsens (Gegenwart), Präteritum (1. Vergangenheit) und Perfekt (2. Vergangenheit). Schreibe die Seitenzahlen des Wörterbuchs dazu.

	Präsens	Präteritum	Perfekt	Seite
laufer	er läuft	er lief	er ist gelaufen	166
leiden	er leidet	er litt	er hat gelitten	167
leihen	er leiht	er lieh	er hat geliehen	167
essen	sie isst	sie aß	sie hat gegessen	121
sprechen	er spricht	er sprach	er hat gesprochen	227
greifen	er greift	er griff	er hat gegriffen	139
lesen	sie liest	sie las	sie hat gelesen	168
reiten	er reitet	er ritt	er ist geritten	203

Nachschlagen im Wörterbuch 1

! Das **Hauptstichwort** im Wörterbuch ist manchmal das Nomen (Namenwort) und manchmal das Verb (Tunwort).

27 Wo findest du diese Wörter im Wörterbuch? Kreise die Hauptstichwörter ein.

Schutz, Läufer, (Ende), (Qual), (verkleiden), (wohnen), enden, (Zucker), Käufer, Wohnung, (lenken), (schützen), Lenker, diktieren, küssen, (kaufen), Gruß, (laufen), (Kuss), Verkleidung, (Diktat), (grüßen), quälen, zuckern

28 Schreibe die Nomen und die Verben von Aufgabe 27 auf. Schreibe die Seitenzahlen des Wörterbuchs dazu.

Nomen (Namenwörter)	Verben (Tunwörter)	Seite
das Diktat	diktieren	109
das Ende	enden	117
der Gruß	grüßen	140
der Käufer	kaufen	154
der Kuss	küssen	164
der Läufer	laufen	166
der Lenker	lenken	167
die Qual	quälen	197
der Schutz	schützen	218
die Verkleidung	verkleiden	252
die Wohnung	wohnen	264
der Zucker	zuckern	270

2 Wörter und Silben mitsprechen

1 Sprich die Sätze und höre genau.

2 Finde die 15 Wörter in den Sprechblasen mit 2 Silben. Schreibe in zwei Farben.

Sina	habe	Malte
Name	einen	wohne
esse	Roller	Müller
Salat	Rana	Erzählt
Lukas	schwimme	etwas

! Wörter sind aus **Silben** gebaut. Du kannst die Wörter deutlich in Silben sprechen. Die Silben sind in **Blau** und **Rot** geschrieben. Deutsche Wörter haben oft zwei Silben.
Beispiel: **Roller**, **essen**

Wörter und Silben mitsprechen 2

! Deutsche Wörter haben oft **zwei Silben**. Beispiel: **Tafel**, **Hose**, **malen**
Die erste Silbe ist die Hauptsilbe. Beispiel: **Ta**-fel, **Ho**-se, **ma**-len
Die letzte Silbe im Wort ist die Endsilbe. Beispiel: Ta-**fel**, Ho-**se**, ma-**len**

3 Schreibe die Wörter in zwei Farben.

~~En~~ ~~Sa~~ ~~fel~~ ~~chen~~ ~~ro~~ ~~ke~~ ~~sche~~ ~~Ha~~ ~~to~~ ~~Eu~~
~~te~~ ~~Ta~~ ~~lat~~ ~~Na~~ ~~Fla~~ ~~se~~ ~~Ku~~ ~~Au~~ ~~se~~ ~~Gur~~

Ente	Auto
Tafel	Euro
Nase	Flasche
Gurke	Kuchen
Salat	Hase

4 Finde die Wörter mit der gleichen Anfangssilbe. Verbinde.

Banane, Sirene, Reporter, Dokument, Unterricht
Religion, Ungeheuer, Badewanne, Sirup, Domino

5 Schreibe die Wörter von Aufgabe 4 in zwei Farben.

Banane	Badewanne
Sirene	Sirup
Reporter	Religion
Dokument	Domino
Unterricht	Ungeheuer

! Bei vielen Wörtern hilft es, deutlich und in **Silben** zu sprechen. Dann ist es leichter, die Wörter richtig zu schreiben.
Beispiel: Haus, **Bru-der**, **Haus-meis-ter**, **Scho-ko-la-de**

6 **Ordne die Wörter nach der Anzahl der Silben. Schreibe in zwei Farben.**

~~Haus~~ ~~Bruder~~ ~~Hausmeister~~ ~~Zebra~~ ~~Papagei~~ ~~Schwein~~ ~~Vogel~~ ~~Wald~~ ~~Rabe~~ ~~Pferd~~ ~~Sand~~ ~~Hund~~ ~~Krokodil~~ ~~Ente~~ ~~Eichhörnchen~~ ~~Giraffe~~ ~~Schildkröte~~ ~~Lied~~ ~~Reißverschluss~~ ~~Nachbar~~ ~~Möwe~~

Wörter mit einer Silbe	Wörter mit zwei Silben	Wörter mit drei Silben
Haus	Bruder	Hausmeister
Hund	Ente	Papagei
Sand	Rabe	Krokodil
Pferd	Vogel	Eichhörnchen
Wald	Möwe	Giraffe
Schwein	Zebra	Schildkröte
Lied	Nachbar	Reißverschluss

7 **Sprich und schreibe die Wörter in zwei Farben.**

gehen — stehen
nähen — wehen
mähen — sehen

~~gehen~~ ~~nähen~~ ~~mähen~~ ~~stehen~~ ~~wehen~~ ~~sehen~~

! Du sprichst das Wort in Silben und kannst hören, ob es mit einem **Doppelkonsonanten** (Doppelmitlaut) geschrieben wird.
Beispiel: Affe, Bagger

Schreibe ich das Wort **Affe** mit einem f oder mit zwei ff?

Ich spreche **Af-fe**, also schreibe ich das Wort Affe mit ff.

8 **Sprich und schreibe die Wörter in Silben.**

~~Affe~~ ~~klettern~~ ~~Brille~~ ~~wollen~~ ~~Koffer~~ ~~essen~~ ~~Robbe~~ ~~bitten~~ ~~kommen~~ ~~Pommes~~ ~~Pizza~~ ~~kennen~~

Affe — Robbe
klettern — bitten
Brille — kommen
wollen — Pommes
Koffer — Pizza
essen — kennen

9 **Sprich und schreibe einige Wörter von Aufgabe 8. Setze sie richtig in die Sätze ein.**

Die Kinder kommen zu dem Fest. Sie essen Pommes und Pizza.

Eva und Maria wollen in den Zoo. Sie sehen dort eine Robbe.

Ein Affe will auf einen Felsen klettern.

Tim packt seinen Koffer. Lea kauft eine neue Brille.

! Manche Wörter mit zwei **Konsonanten** (Mitlauten) hintereinander sprichst du wie ein Wort mit einem **Doppelkonsonanten** (Doppelmitlaut).
Beispiel: Zucker (sprich Zuk-ker), Katze (sprich Kat-ze)
Es gibt nur wenige Wörter mit **kk** oder **zz**.
Beispiel: Pizza, Mekka

10 **Sprich und schreibe die Wörter in Silben.**

~~der Zucker~~ ~~der Wecker~~ ~~backen~~ ~~die Verletzung~~ ~~der Trecker~~ ~~die Hitze~~ ~~die Fackel~~ ~~die Tatze~~ ~~die Brücke~~ ~~putzen~~ ~~sitzen~~ ~~die Katze~~

ck	tz
der Zucker	die Katze
der Wecker	die Verletzung
backen	die Hitze
der Trecker	die Tatze
die Fackel	putzen
die Brücke	sitzen

11 **Sprich und schreibe einige Wörter von Aufgabe 10. Setze sie richtig in die Sätze ein.**

Jonathan und Lorenz putzen ihre Fahrräder.

Jeden Morgen klingelt der Wecker.

Der Trecker mit den großen Rädern fährt über die Brücke.

Pablo freut sich über die Hitze, auch wenn er schwitzt.

Lea streichelt ihre schnurrende Katze.

Buruk und Maria sitzen gemütlich in der Sonne.

Markus hat eine Verletzung am Knie.

! Auch Wörter mit mehreren verschiedenen **Konsonanten** (Mitlauten) kannst du richtig schreiben, wenn du die Silben deutlich sprichst und hörst.
Beispiel: springen, der Anker

12 **Sprich und schreibe die Wörter in Silben.**

~~die Kinder~~ ~~tanzen~~ ~~die Hunde~~ ~~die Birne~~ ~~der Junge~~ ~~springen~~ ~~zupfen~~ ~~der Anker~~ ~~fangen~~ ~~die Kiste~~ ~~der Garten~~ ~~trinken~~ ~~schlüpfen~~ ~~pflanzen~~

der Anker — zupfen
die Kinder — fangen
tanzen — die Kiste
die Hunde — der Garten
die Birne — trinken
der Junge — schlüpfen
springen — pflanzen

13 **Sprich und schreibe einige Wörter von Aufgabe 12. Setze sie richtig in die Sätze ein.**

Elias und Markus holen den Anker ins Boot.

Lea und Fatima trinken Cola.

Die Hunde fangen den Stock.

Der Junge legt die reife Birne in die Kiste.

Die Küken schlüpfen aus dem Ei.

Die Großeltern pflanzen Blumen und zupfen Unkraut.

Die Kinder springen und tanzen im Garten.

2 Wörter und Silben mitsprechen

! Wörter mit ie kannst du richtig schreiben, wenn du die Silben deutlich sprichst.
Beispiel: die Liebe, spielen

14 Sprich und schreibe die Wörter mit ie. Schreibe sie mit den Artikeln und in zwei Farben.

Zw ie bel, Fl ie ge, Z ie ge, M ie te, Z ie gel, L ie der
R ie se, B ie ne, L ie be, D ie be, Fr ie den, T ie fe

die Fliege	der Riese
die Zwiebel	die Biene
die Ziege	die Liebe
die Miete	die Diebe
der Ziegel	der Frieden
die Lieder	die Tiefe

15 Sprich und schreibe die Verben mit ie. Schreibe sie in zwei Farben.

l ie gen, sp ie len, fl ie gen, z ie len, sp ie geln
m ie ten, w ie gen, s ie gen, l ie ben, kr ie chen

liegen	mieten
spielen	wiegen
fliegen	siegen
zielen	lieben
spiegeln	kriechen

Wörter und Silben mitsprechen 2

! Fast alle Wörter mit dem i-Laut am Silbenende schreibst du mit ie.
Hörst du nach dem i in der ersten Silbe keinen weiteren Buchstaben, dann schreibst du ie.
Beispiel: riechen, frieren

16 Schreibe die Verben mit ie. Ordne die Wörter nach dem Abc und schreibe in zwei Farben.

b ie gen, fr ie ren, s ie gen, r ie chen, z ie hen, m ie ten
l ie gen, g ie ßen, schl ie ßen, d ie nen, l ie fern, n ie sen

biegen	mieten
dienen	niesen
frieren	riechen
gießen	schließen
liefern	siegen
liegen	ziehen

17 Sprich und schreibe die 3. Person Singular zu den Verben von Aufgabe 16.

er biegt	er mietet
er dient	sie niest
sie friert	sie riecht
er gießt	er schließt
er liefert	er siegt
er liegt	er zieht

3 Großschreibung trainieren

1 Sprich die Sätze und höre genau.

2 Finde 10 Nomen in den Sprechblasen.

Brot	Kartoffeln
Korb	Nudeln
Milch	Orangen
Tomaten	Süßigkeiten
Zwiebeln	Käse

! **Nomen** (Namenwörter) werden großgeschrieben. Nomen sind Namen von Menschen, Tieren, Pflanzen und Gegenständen.
Beispiel: Peter, **K**ind, **H**und, **B**lume, **H**aus, **B**erlin

Großschreibung trainieren 3

! Vor Nomen (Namenwörtern) stehen oft **Artikel** (Begleiter).
Beispiel: die Uhr
Du kannst Nomen mithilfe der „der - die - das -Probe" erkennen.
Ausnahme: Eigennamen stehen meistens ohne Artikel (Begleiter).
Beispiel: Peter, Berlin

Wird das Wort **Uhr** großgeschrieben?

Zu dem Wort **Uhr** gehört ein Artikel: die **Uhr.** Also wird das Wort **Uhr** großgeschrieben.

3 Schreibe die Nomen von Aufgabe 2 mit ihren Artikeln auf.

das Brot	die Kartoffeln
der Korb	die Nudeln
die Milch	die Orangen
die Tomaten	die Süßigkeiten
die Zwiebeln	der Käse

4 Welche Wörter sind Nomen? Schreibe sie mit ihren Artikeln auf und achte auf die Großschreibung.

~~tisch~~ ~~haus~~ ~~salat~~ ~~geht~~ ~~dorf~~ ~~in~~ ~~glas~~ ~~fleisch~~
~~kaufen~~ ~~melone~~ ~~kaffee~~ ~~uhr~~ ~~auf~~ ~~apfel~~ ~~ist~~

der Tisch	das Fleisch
das Haus	die Melone
der Salat	der Kaffee
das Dorf	die Uhr
das Glas	der Apfel

! **Abstrakte Nomen** (Namenwörter) kann man nicht sehen oder anfassen. Auch sie werden großgeschrieben und haben einen Artikel (Begleiter).
Beispiel: das **Glück**

5 Unterstreiche in dem Text die Nomen.

Urlaub am Meer

Laura reist im Sommer gern mit ihrer Freundin Fatima auf eine Insel. Sie hat Mut und taucht in die Wellen. Fatima sammelt gern Muscheln im Sand. Die beiden Mädchen verbindet eine enge Freundschaft. Sie treffen Lorenz. Er fährt gern mit dem Strandsegler und hat Glück. Die Miete für die Fahrzeuge ist billig. Er hat keine Angst. Voller Stolz fährt er am Strand entlang.

6 Schreibe alle Nomen mit ihren Artikeln auf. Achtung! Bei Eigennamen gibt es oft keinen Artikel.

der Urlaub	der Sand
das Meer	die Mädchen
Laura	die Freundschaft
der Sommer	Lorenz
die Freundin	der Strandsegler
Fatima	das Glück
die Insel	die Miete
der Mut	die Fahrzeuge
die Wellen	die Angst
Fatima	der Stolz
die Muscheln	der Strand

! Auch Wörter mit den Wortbausteinen **-heit** und **-keit** am Ende des Wortes sind Nomen (Namenwörter). Sie werden großgeschrieben.
Beispiel: die Freundlich**keit**, die Ho**heit**

7 Finde die Nomen mit -heit oder -keit zu den Adjektiven und schreibe sie mit dem Artikel auf.

-heit -keit

freundlich	die Freundlichkeit
frech	die Frechheit
sauber	die Sauberkeit
gesund	die Gesundheit
dunkel	die Dunkelheit
pünktlich	die Pünktlichkeit
einsam	die Einsamkeit
heiser	die Heiserkeit
dumm	die Dummheit
trocken	die Trockenheit

8 Sprich und schreibe die richtigen Nomen mit -heit oder -keit. Setze sie in die Sätze ein.

Die Schauspielerin ist sehr schön. Nur wegen ihrer Schönheit bekommt sie aber nicht die Hauptrolle.

Meine Oma ist krank. Sie muss wegen ihrer Krankheit im Bett liegen.

Oles Opa ist heiser. Er kann wegen seiner Heiserkeit nicht sprechen.

Laura ist ehrlich. Ihre Freundin mag sie sehr wegen ihrer Ehrlichkeit.

! Auch Wörter mit den Wortbausteinen **-nis** und **-ung** am Ende des Wortes sind Nomen (Namenwörter). Sie werden großgeschrieben.
Beispiel: die Erzäh**lung**, das Hinder**nis**

9 Finde das Nomen mit dem Wortbaustein -ung zu jedem Verb und schreibe es mit dem Artikel auf.

~~erzählen~~ ~~kühlen~~ ~~heizen~~ ~~ordnen~~ ~~wohnen~~ ~~leisten~~
~~befreien~~ ~~betreuen~~ ~~impfen~~ ~~wandern~~ ~~rechnen~~ ~~hoffen~~

-ung

die Erzählung	die Befreiung
die Kühlung	die Betreuung
die Heizung	die Impfung
die Ordnung	die Wanderung
die Wohnung	die Rechnung
die Leistung	die Hoffnung

10 Finde das Nomen mit dem Wortbaustein -nis. Schreibe das Nomen im Singular und im Plural.

-nis

erleben	das Erlebnis	die Erlebnisse
erzeugen	das Erzeugnis	die Erzeugnisse
hindern	das Hindernis	die Hindernisse
ergeben	das Ergebnis	die Ergebnisse
wagen	das Wagnis	die Wagnisse
gefangen	das Gefängnis	die Gefängnisse
geheim	das Geheimnis	die Geheimnisse

! Das **erste Wort eines Satzes** beginnt mit einem Großbuchstaben.
Beispiel: Der Hund ist zahm.

11 Unterstreiche alle 16 Nomen im Text. Schreibe sie mit ihren Artikeln auf und achte auf die Großschreibung. Achtung! Bei Eigennamen gibt es oft keinen Artikel.

was ist der sinabung?

der sinabung ist ein berg und ist 2640 meter hoch
er spuckt asche und lava der sinabung liegt in indonesien auf einer insel
die insel heißt sumatra die bewohner von sumatra beobachten viel grauen rauch,
der in die luft steigt der vulkan kann sehr gefährlich sein

der Sinabung, der Sinabung, der Berg, der Meter, die Asche,
die Lava, der Sinabung, Indonesien, die Insel, die Insel, Sumatra,
die Bewohner, Sumatra, der Rauch, die Luft, der Vulkan

12 Schreibe den Text richtig auf. Setze Punkte und achte auf die Großschreibung.

Was ist der Sinabung?
Der Sinabung ist ein Berg und ist 2640 Meter hoch.
Er spuckt Asche und Lava.
Der Sinabung liegt in Indonesien auf einer Insel.
Die Insel heißt Sumatra.
Die Bewohner von Sumatra beobachten viel grauen Rauch,
der in die Luft steigt.
Der Vulkan kann sehr gefährlich sein.

Verben (Tunwörter) werden kleingeschrieben.
Beispiel: lachen
Ein Verb kann auch zu einem **Nomen werden**. Du kannst die „der - die - das -Probe" im Satz anwenden. Dann findest du heraus, ob das Wort großgeschrieben wird.
Beispiel: lachen – das Lachen

„Ich mag **das Lachen** der Lehrerin." Wird das Wort **lachen** hier großgeschrieben?

In diesem Satz gehört zu dem Wort **lachen** ein Artikel: **das Lachen**. Also ist es hier ein Nomen und wird großgeschrieben.

13 Sprich die Verben und schreibe die Nomen dazu.

Verb	Nomen
fahren	das Fahren
schwimmen	das Schwimmen
spielen	das Spielen
treffen	das Treffen
essen	das Essen
lachen	das Lachen
weinen	das Weinen

14 Sprich und schreibe einige Nomen von Aufgabe 13. Setze sie richtig in die Sätze ein.

Die Kinder lieben das Lachen der Lehrerin.

Das Spielen auf der Straße ist in der Spielstraße erlaubt.

Laura bereitet das Treffen mit ihren Freundinnen vor.

Im Urlaub liebt Eva das Schwimmen im Meer.

Ali mag das Fahren mit dem Zug.

Das Essen im Restaurant ist teuer.

Ein **Verb** (Tunwort) kann auch **mit einem unbestimmten Artikel** (Begleiter) **oder einer Präposition** (Verhältniswort) **verbunden** sein. Dann wird das Wort großgeschrieben.
Beispiel: ein Treffen, beim Tanzen

15 Sprich und schreibe die Wörter mit den Nomen in die Tabelle.

~~beim~~ ~~das~~ ~~ein~~ ~~vom~~ ~~zum~~

Verb	Nomen
baden	Beim Baden singt Ali immer.
flüstern	Ich höre ein Flüstern.
warten	Tim mag das Warten nicht.
streicheln	Die Katze kommt zum Streicheln.
spielen	Zarah radelt vom Spielen nach Hause.

16 Sprich und schreibe die Wörter richtig. Setze sie in die Sätze ein.

lesen oder Lesen?

Meine Freunde lesen gerade das gleiche Buch. Beim Lesen lerne ich die deutsche Sprache. Wir lesen den Text. Das Lesen ist nie langweilig. Vom Lesen bekommt man keine schlechten Augen.

kochen oder Kochen?

Meine Eltern kochen gemeinsam das Festessen. Lorenz und Fatima gehen zum Kochen in die Küche. Eva und Tim kochen für ihre Freunde. Das Kochen macht Spaß.

Adjektive (Eigenschaftswörter) werden kleingeschrieben.
Beispiel: gut
Ein Adjektiv kann auch zu einem **Nomen** werden. Oft wird dann der Buchstabe **e** angefügt. Dann wird das Wort großgeschrieben.
Beispiel: gut – das Gute
Du kannst die „der - die - das -Probe" im Satz anwenden.

„Das Gute liegt so nah." – Wird das Wort **gute** hier großgeschrieben?

In diesem Satz gehört zu dem Wort **gute** ein Artikel: **das Gute**. Also ist es hier ein Nomen und wird großgeschrieben.

17 Sprich die Adjektive und schreibe die Nomen.

Adjektiv	Nomen
eng	die Enge
kurz	das Kurze
großartig	das Großartige
alt	das Alte
gleich	das Gleiche
lustig	das Lustige
einfach	das Einfache

18 Sprich und schreibe die Wörter richtig. Setze sie in die Sätze ein.

LUSTIG	Der Film ist sehr lustig.
LUSTIGE	Das Lustige war der Auftritt des Clowns.
EINFACH	Das Gericht ist einfach.
EINFACHE	Anna wählt das Einfache.
ALTE	Der Alte gibt ihm einen guten Rat.
ALT	Das Fahrrad ist zu alt.

Steht nach dem **Adjektiv** (Eigenschaftswort) ein Nomen, dann gehört der Artikel (Begleiter) zu dem Nomen und das Adjektiv wird kleingeschrieben.
Beispiel: das **gute** Brot

19 Schreibe die Wörter richtig auf. Achte auf die Großschreibung.

BESTE	Ich mag das Beste.	Da ist das beste Geschäft.
GLEICHE	Ich mag das Gleiche.	Da ist das gleiche Buch.
NEUE	Ich mag das Neue.	Da ist das neue Auto.
ARME	Ich mag die Arme.	Da ist die arme Frau.
RICHTIGE	Ich mag das Richtige.	Da ist der richtige Lehrer.
BUNTE	Ich mag das Bunte.	Da ist die bunte Blume.
FREMDE	Ich mag die Fremde.	Da ist die fremde Stadt.

20 Sprich und schreibe die Wörter. Setze sie richtig in die Sätze ein. Achte auf die Großschreibung.

~~viel Interessantes~~ – ~~interessant~~ ~~etwas Neues~~ – ~~neu~~
~~wenig Schönes~~ – ~~schön~~ ~~alles Gute~~ – ~~gut~~

Viel Interessantes höre ich in den Nachrichten.

Diese Zeitung ist interessant.

Die Leute wissen heute etwas Neues.

Diese Information ist neu für mich.

In der Kiste finde ich wenig Schönes.

Das Wetter ist schön.

Ich wünsche dir alles Gute.

Das Essen ist gut.

1 Sprich die Sätze und höre genau.

2 Finde 5 verschiedene Nomen und ihre Pluralformen in den Sprechblasen. Schreibe mit zwei Farben.

das Brot	die Brote
ein Stab	zwei Stäbe
ein Getränk	zwei Getränke
ein Pferd	zwei Pferde
ein Berg	zwei Berge

! Wenn du nicht genau weißt, wie der letzte Buchstabe eines Wortes geschrieben wird, kannst du das Wort verlängern. Dann hörst du, wie du es schreibst.
Beispiel: der Ort, die Orte

! Du kannst ein **Nomen (Namenwort) verlängern**, indem du den Plural (Mehrzahl) bildest. Dann hörst du, wie du das Nomen am Ende (Auslaut) schreibst.
Beispiel: das Geschen**k**, die Geschen**ke**, der Stran**d**, die Strän**de**, der Die**b**, die Die**be**

Schreibe ich das Wort **Berg** am Ende mit g oder k?

Ich spreche **Berge**, also schreibe ich das Wort **Berg** mit g.

3 Schreibe zuerst den Plural mit zwei Farben, schreibe dann den Singular richtig mit g oder k.

die Berge	der Ber g
die Fabriken	die Fabri k
die Wege	der We g
die Werke	das Wer k
die Tage	der Ta g
die Zwerge	der Zwer g
die Burgen	die Bur g
die Ränge	der Ran g
die Getränke	das Geträn k
die Zweige	der Zwei g
die Richtungen	die Richtun g
die Ringe	der Rin g
die Finken	der Fin k
die Geschenke	das Geschen k

4 Schreibe zuerst den Plural mit zwei Farben, dann den Singular richtig mit d oder t.

die Freunde	der Freun d
die Münder	der Mun d
die Pferde	das Pfer d
die Worte	das Wor t
die Nächte	die Nach t
die Felder	das Fel d
die Diamanten	der Diaman t
die Brote	das Bro t
die Ränder	der Ran d
die Kinder	das Kin d
die Abende	der Aben d
die Werte	der Wer t
die Hemden	das Hem d
die Lieder	das Lie d
die Bäder	das Ba d
die Herde	der Her d
die Bilder	das Bil d
die Monate	der Mona t
die Hefte	das Hef t
die Verbände	der Verban d
die Zelte	das Zel t

! Du kannst ein **Verb** (Tunwort) **verlängern**, indem du den Infinitiv (Grundform) bildest. Dann hörst du, wie du das Verb schreibst.
Beispiel: hupen – er hupt; zeigen – sie zeigt; halten – er hält

5 Schreibe die Wörter in der 3. Personalform Singular mit dem richtigen Buchstaben g oder k.

zeigen	sie zeigt
stinken	es stinkt
kriegen	er kriegt
jagen	er jagt
legen	er legt
fangen	sie fängt
winken	er winkt
danken	sie dankt
liegen	er liegt
wiegen	er wiegt

6 Schreibe die Wörter in der 3. Personalform Singular mit dem richtigen Buchstaben b oder p.

leben	er lebt
hupen	er hupt
lieben	er liebt
geben	sie gibt
stülpen	er stülpt
sieben	er siebt
loben	er lobt

! Auch **Verben** (Tunwörter) im **Präteritum** (1. Vergangenheit) kannst du **verlängern**. Dann hörst du, wie du sie schreibst.
Beispiel: er zog – wir zogen

7 **Schreibe das Verb mit dem richtigen Buchstaben d oder t, g oder k, b oder p. Schreibe auch das verlängerte Verb im Infinitiv auf.**

1. Person Plural Präteritum	1. Person Singular Präteritum	Infinitiv
wir traten	ich trat	treten
wir bogen	ich bog	biegen
wir fanden	ich fand	finden
wir taten	ich tat	tun
wir hoben	ich hob	heben
wir gaben	ich gab	geben
wir logen	ich log	lügen
wir hingen	ich hing	hängen
wir banden	ich band	binden
wir fingen	ich fing	fangen
wir sangen	ich sang	singen
wir sanken	ich sank	sinken
wir gruben	ich grub	graben
wir empfingen	ich empfing	empfangen
wir schoben	ich schob	schieben
wir mieden	ich mied	meiden
wir schrieben	ich schrieb	schreiben
wir flogen	ich flog	fliegen

! Du kannst ein **Adjektiv** (Eigenschaftswort) **verlängern**, indem du die zweisilbige Form bildest. Dann hörst du, wie du das Adjektiv am Ende (Auslaut) schreibst.
Beispiel: klug – kluge, bunt – bunte, lieb – liebe

8 **Schreibe zuerst das verlängerte Adjektiv mit zwei Farben. Schreibe dann das Adjektiv mit dem richtigen Buchstaben: d oder t, g oder k, b oder p.**

d/t

Die harte Kiwi schmeckt nicht. Die Kiwi ist hart.
Die wilde Katze gehört Ali. Die Katze ist wild.
Der weite Weg geht durch den Wald. Der Weg ist weit.
Der milde Tee schmeckt gut. Der Tee ist mild.

g/k

Der starke Mann lebt im Dorf. Der Mann ist stark.
Die lange Hose gefällt Lucia. Die Hose ist lang.
Die kranke Frau geht zum Arzt. Die Frau ist krank.
Die schwierige Aufgabe kann Ali lösen. Die Aufgabe ist schwierig.

d/t

Der rote Mantel hängt im Flur. Der Mantel ist rot.
Das wütende Kind schreit. Das Kind ist wütend.
Die fremde Stadt liegt im Osten. Die Stadt ist fremd.
Der späte Zug ist voll. Der Zug ist spät.

b/p

Das gelbe Kleid gefällt Fatima. Das Kleid ist gelb.
Der trübe See ist nicht tief. Der See ist trüb.
Die plumpe Ausrede glaubt keiner. Die Ausrede ist plump.

! Man kann ein **Adjektiv** (Eigenschaftswort) **verlängern**, indem man die Steigerungsform bildet. Dann hörst du, wie du das Adjektiv schreibst.
Beispiel: lang – länger, flink - flinker

9 **Schreibe die Adjektive mit den richtigen Buchstaben am Ende. Schreibe zuerst die 1. Steigerungsform in zwei Farben.**

	Grundstufe	1. Steigerung
g oder k?	flink	flinker
	jung	jünger
	krank	kränker
	klug	klüger
d oder t?	leicht	leichter
	blond	blonder
	elegant	eleganter
	gesund	gesünder
b oder p?	trüb	trüber
	lieb	lieber
	plump	plumper

10 **Setze passende Adjektive von Aufgabe 9 in die Sätze ein.**

Der Bär bewegt sich plump. Er ist nicht flink. Er ist langsam.

Meine Haare sind blond.

Mein kleiner Hund ist noch sehr jung.

Gestern war mein Vater krank. Heute fühlt er sich wieder gesund.

Das Blumenwasser ist schon ganz trüb.

! **Verlängere** das Wort, dann hörst du **s** oder **ss**.
Beispiel: der Preis – die Preise, die Nuss – die Nüsse

11 **Schreibe die Wörter im Plural mit s oder ss mit zwei Farben. Schreibe den Singular mit Artikel dazu.**

die Gläser	das Glas
die Preise	der Preis
die Gänse	die Gans
die Gleise	das Gleis
die Lose	das Los
die Gräser	das Gras
die Nüsse	die Nuss
die Schlösser	das Schloss

12 **Schreibe die Verben in der 3. Person Singular mit s oder ss.**

~~reisen~~ ~~fassen~~ ~~vergessen~~ ~~küssen~~ ~~müssen~~ ~~essen~~
~~hassen~~ ~~vermissen~~ ~~verpassen~~ ~~preisen~~ ~~lesen~~ ~~rasen~~

vergessen – er vergisst	hassen – sie hasst
reisen – sie reist	vermissen – er vermisst
fassen – sie fasst	verpassen – er verpasst
küssen – er küsst	preisen – er preist
müssen – sie muss	lesen – sie liest
essen – sie isst	rasen – er rast

5 Wortfamilien richtig schreiben

1 **Sprich die Sätze und höre genau.**

2 **Finde 8 Wörter mit dem gleichen Wortstamm in den Sprechblasen. Kreise den Wortstamm ein.**

Badezimmer	bade
Badeschaum	Schwimmbad
Badetuch	baden
Badewanne	gebadet

! Wörter mit demselben Wortstamm gehören zu einer **Wortfamilie**.
Beispiel: das **Spiel**, **spiel**en, **spiel**erisch, **Spiel**feld

Wortfamilien richtig schreiben 5

! **Wörter** haben einen **Wortstamm** und eine **Endung**. Verwandte Wörter haben den gleichen **Wortstamm**.
Beispiel: spiel en
Wortstamm Endung

3 **Kreise den Wortstamm ein.**

ich spiele	wir spielen
du spielst	ihr spielt
er/sie/es spielt	sie spielen

4 **Unterstreiche die Wörter aus der Wortfamilie „fahren". Schreibe sie auf.**

Lorenz und Johann fahren gern Fahrrad. Die Fahrt führt über eine schlechte Fahrbahn. Viele Fahrzeuge sind dort schon gefahren. Die Jungen sind gute Fahrer. Plötzlich knallt es. Ein Fahrradreifen ist geplatzt. Johanns Rad ist nicht mehr fahrtüchtig. Er kann nicht mehr weiterfahren. Sie müssen für die Rückfahrt den Zug benutzen. Lorenz liest den Fahrplan und die Jungen kaufen sich eine Fahrkarte.

fahren	
Fahrrad	Fahrradreifen
Fahrt	fahrtüchtig
Fahrbahn	weiterfahren
Fahrzeuge	Rückfahrt
gefahren	Fahrplan
Fahrer	Fahrkarte

5 **Kreise den Wortstamm bei den Wörtern von Aufgabe 4 ein.**

5 Wortfamilien richtig schreiben

! Eine **Wortfamilie** kann aus verschiedenen Wortarten bestehen: Nomen (Namenwort), Verb (Tunwort), Adjektiv (Eigenschaftswort).
Beispiel: der Schlaf, schlafen, schlaflos

Wie schreibe ich das Wort **schlaflos**?

Ein Tipp: Du findest es in der Wortfamilie **schlafen**.

Aha, das hilft mir, das Wort **schlaflos** richtig zu schreiben.

6 **Schreibe Wörter aus der Wortfamilie in die Tabelle.**

Nomen	Verb	Adjektiv
das Spiel	spielen	spielerisch
der Schlaf	schlafen	schläfrig
der Fernseher	fernsehen	fern
die Fahrt	fahren	fahrbar
das Salz	salzen	salzig
der Sturm	stürmen	stürmisch
die Erkältung	erkälten	kalt
das Rätsel	rätseln	rätselhaft
die Zahl	zählen	zahlreich
der Traum	träumen	traumhaft

7 **Kreise den Wortstamm bei den Wörtern von Aufgabe 6 ein.**

Wortfamilien richtig schreiben 5

! Der **Wortstamm** kann sich auch verändern.
Vokale **a**, **o**, **u** werden zu Umlauten **ä**, **ö**, **ü**.
Beispiel: das Land, die Länder
Der Zwielaut **au** wird zu **äu**.
Beispiel: der **Baum**, die **Bäume**

8 **Schreibe die Nomen im Plural. Schreibe die Seitenzahlen des Wörterbuchs dazu.**

Singular (Einzahl)	Plural (Mehrzahl)	Seite
das Land	die Länder	165
der Baum	die Bäume	92
der Ast	die Äste	85
das Wort	die Wörter	265
der Mund	die Münder	179
das Haus	die Häuser	143
die Not	die Nöte	184
der Ton	die Töne	239
die Kuh	die Kühe	163
die Nacht	die Nächte	181
der Zaun	die Zäune	267
der Kamm	die Kämme	153
die Maus	die Mäuse	173
der Kuss	die Küsse	164
die Laus	die Läuse	166
der Lohn	die Löhne	169
das Huhn	die Hühner	147
der Garten	die Gärten	131

6 Ableiten

1 Sprich die Sätze und höre genau.

2 Finde 6 Nomen und ihre Verkleinerungsformen in den Sprechblasen.

Stock	Stöckchen
Wurst	Würstchen
Brot	Brötchen
Hase	Häschen
Haus	Häuschen
Vogel	Vögelchen

! Du kannst ein Wort mit der Silbe **„chen"** verkleinern. Dann verändern sich die Vokale a, o, u und der Zwielaut au.
Beispiel: der Apfel – das **Ä**pfel**chen**, der Ton – das T**ö**n**chen**,
der Kuss – das K**ü**ss**chen**, die Maus – das M**äu**s**chen**

Ableiten 6

! Du kannst Wörter mit **ä** oder **äu ableiten**. Finde ein verwandtes Wort mit a oder au. Dann siehst du, wie du es schreibst.
Beispiel: H**ä**nde – H**a**nd, er r**ä**t – r**a**ten, R**äu**me – R**au**m

Schreibe ich das Wort **Hände** mit ä oder mit e?

Ich leite das Wort **Hände** von dem Wort **Hand** ab.

Also schreibe ich das Wort **Hände** mit ä.

3 Schreibe die Wörter im Singular mit Artikel. Schreibe sie dann im Plural mit ä oder äu.

die Hand	die H ä nde	der Mann	die M ä nner
der Strand	die Str ä nde	der Vater	die V ä ter
der Arzt	die Ä rzte	der Raum	die R äu me
das Kraut	die Kr äu ter	der Bauch	die B äu che

4 Schreibe die Verben im Infinitiv und in der 3. Person Singular. Schreibe die Seitenzahlen des Wörterbuchs dazu.

Infinitiv	3. Personalform	Seite
graben	er gräbt	138
raten	er rät	200
halten	er hält	141
fangen	sie fängt	123
laufen	er läuft	166
waschen	sie wäscht	259
sich verhalten	sie verhält sich	251
braten	er brät	101
wärmen	sie wärmt	259

6 Ableiten

! Du kannst viele Wörter von einem Wort aus der Wortfamilie **ableiten**. Dann siehst du, wie du es schreibst.
Beispiel: G**ä**nse – G**a**ns, erkl**ä**ren – kl**a**r

5 Sprich und schreibe die richtigen Buchstaben: ä, äu oder ö. Verbinde die verwandten Wörter.

Europa	das Geb äu de
klar	erkl ä ren
malen	die L ä nder
der Ast	die B äu che
der Bauch	ä ngstlich
die Angst	das Ger äu sch
rauschen	die R ä der
rot	das Gem ä lde
backen	die Europ ä er
das Land	ern ä hren
bauen	die Ä ste
die Nahrung	die B ä ckerei
das Rad	r ö tlich
der Ort	die Ö rtchen

6 Setze passende Wörter von Aufgabe 5 in die Sätze ein.

Laura und Albina nehmen ihre Räder und reisen durch Europa.

Die Europäer leben in vielen verschiedenen Ländern.

Die Mädchen besuchen kleine Örtchen, die besonders schön sind.

Ableiten 6

! Du kannst viele Wörter mit **äu ableiten** und ein verwandtes Wort mit au finden. Findest du **kein verwandtes Wort mit au**, schreibst du das Wort mit **eu**.
Beispiel: Europa, steuern

7 Sprich und schreibe die Wörter mit äu oder eu. Schreibe das verwandte Wort mit au auf.

die Str äu cher	der Strauch
die Eu le	–
die L äu se	die Laus
die F eu er	–
die Str äu ße	der Strauß
die L eu te	–
das St eu er	–
die Tr äu me	der Traum

8 Sprich und schreibe Wörter mit dem Wortstamm zeug. Achte auf die Artikel.

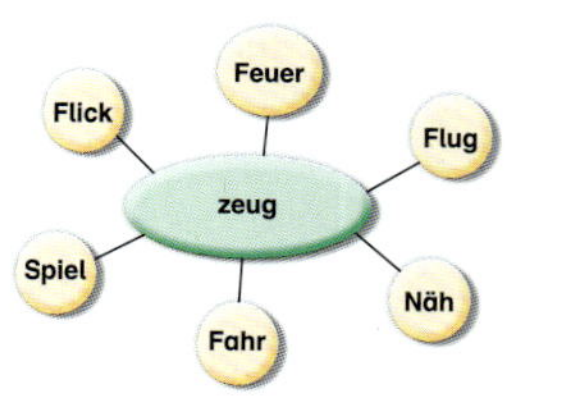

das Flickzeug	das Nähzeug
das Feuerzeug	das Fahrzeug
das Flugzeug	das Spielzeug

1 Sprich die Sätze und höre genau.

2 Finde in den Sprechblasen alle Wörter mit ai und ei und schreibe sie auf.

ai	ei
der Hai	gleich
der Mais	leise
der Mai	schreibe
die Waise	die Reime
der Laich	weiß
der Kaiser	heiß

! **Merkwörter** kannst du nicht verlängern oder von einem verwandten Wort ableiten. Du musst sie dir merken.
Beispiel: der Mais, der Hai, die Waise

! Einige Wörter mit **ä** kannst du nicht von einem verwandten Wort mit a ableiten. Diese Wörter musst du dir **merken**, dann kannst du sie richtig schreiben.
Beispiel: Käfer, Mädchen

Wie merke ich mir diese **Merkwörter**?

Schreibe sie auf, diktiere sie einem Partner oder erfinde Merksprüche.

3 **Sprich und schreibe Wörter mit ä. Trage die Nomen mit Artikel und die Verben in ihrer Grundform in die Tabelle ein. Schreibe die Seitenzahlen des Wörterbuchs dazu.**

Ehre ~~Käse~~ ~~Säge~~ Keller ~~Lärm~~ ~~mäht~~ ~~spät~~ Geld ~~Mädchen~~ ~~Märchen~~ Fenster Zecke ~~März~~ ~~gähnen~~ ~~Ähre~~

	Seite		Seite
der Käse	154	spät	225
die Säge	207	das Märchen	172
der Lärm	165	der März	172
mähen	170	gähnen	130
das Mädchen	170	die Ähre	79

4 **Setze Wörter mit ä von Aufgabe 3 richtig in die Sätze ein.**

Aylin isst gern Brot und Käse am Abend.

Die Hunde machen viel Lärm und erschrecken den Postboten.

Opa liest gern Märchen vor.

Tim benutzt eine Säge und baut einen Tisch.

Lorenz und Markus mähen den Rasen sehr spät im März.

Das Mädchen pflückt im Kornfeld eine Ähre.

! Einige Wörter schreibst du mit **I/i** und nicht mit ie.
Beispiel: Tiger, Igel

5 **Sprich und schreibe die Wörter mit I/i oder ie. Schreibe die Seitenzahl dazu.**

der S_i_rup das T_ie_r der T_i_ger der P_i_rat das Sp_ie_l das L_ie_d der D_ie_b das L_i_neal die Ros_i_ne die Pral_i_ne das F_ie_ber die S_i_rene die W_ie_se der R_ie_se das S_ie_b die Z_i_trone

i	Seite	ie	Seite
der Sirup	223	das Tier	238
der Tiger	238	das Spiel	226
der Pirat	192	das Lied	168
das Lineal	168	der Dieb	109
die Rosine	205	das Fieber	125
die Pralinen	194	die Wiese	263
die Sirene	223	der Riese	204
die Zitrone	269	das Sieb	222

6 **Setze die Wörter mit i von Aufgabe 5 in die Sätze ein.**

Der Tiger ist gefährlich.

Der Pirat liebt das Meer. Im Hafen ertönt eine Sirene.

Albina benutzt ein Lineal zum Unterstreichen.

Sie isst gern Pralinen und Rosinen.

Die Zitrone ist zu sauer. Der Sirup schmeckt süß.

! Einige kleine Wörter schreibst du im Wortstamm mit **Ih/ih**. Diese Wörter musst du dir merken. Das stumme **h** sprichst du nicht.
Beispiel: ihm, ihn, ihr

7 **Sprich und schreibe die Wörter. Setze sie in die Sätze ein: ihre, ihr, ihn, ihm, ihnen.**

Anna feiert Geburtstag und will ihre Freundin Laura einladen. Sie schreibt ihr eine Karte. Auch Annas Freund Ali soll zu der Feier kommen. Anna lädt ihn heute in der Schule ein. Sie zeigt ihm den Weg. Annas Mutter hat schon etwas für alle Gäste vorbereitet. Sie backt ihnen eine Torte.

! Wörter mit **stummem h nach den Vokalen a, o, u** und **e** sind auch Merkwörter.
Beispiel: fahren, Sohn, Zeh

8 **Sprich und schreibe die Wörter mit ah, oh, uh und eh. Schreibe die Seitenzahl dazu.**

	Seite		Seite
die S_ah_ne	208	der S_oh_n	224
f_ah_ren	122	das Oh_r	185
die Gef_ah_r	132	das H_uh_n	147
w_ah_r	258	die Uh_r	244
z_ah_m	267	der St_uh_l	233
das J_ah_r	150	der R_uh_m	206
der K_oh_l	158	der F_eh_ler	124
das R_oh_r	205	die L_eh_rerin	167
der B_oh_rer	101	z_eh_n	267
die W_oh_nung	264	n_eh_men	182

7 Merkwörter lernen

Einige Wörter mit a, e oder o schreibst du mit zwei Vokalen: **aa, ee, oo**. Diese Wörter sind auch Merkwörter.
Beispiel: Haar, Tee, Zoo

9 **Ordne die Wörter nach dem Abc. Schreibe die Seitenzahlen dazu.**

~~die Himbeere~~ ~~das Heer~~ ~~der Zoo~~ ~~das Paar~~ ~~der Aal~~
~~das Gelee~~ ~~der Looping~~ ~~das Boot~~ ~~die Waage~~
~~das Meer~~ ~~der Tee~~ ~~der See~~ ~~die Idee~~ ~~der Kaffee~~

	Seite		Seite
der Aal	76	der Looping	169
das Boot	101	das Meer	173
das Gelee	133	das Paar	188
das Heer	143	der See	220
die Himbeere	145	der Tee	236
die Idee	148	die Waage	258
der Kaffee	152	der Zoo	269

10 **Sprich und schreibe die richtigen Buchstaben: ee, aa oder oo. Verbinde die verwandten Wörter.**

das Ehepaar	w aa gerecht
die Waage	m oo rig
die Seeleute	die Erdb ee re
der Schnee	schn ee weiß
das Moor	p aa rweise
das Beerenobst	die S ee fahrt

Merkwörter lernen 7

Einige Merkwörter schreibst du anders, als du sie sprichst und hörst.
Beispiel: se**chs**, lin**ks**, **Qu**elle, be**qu**em

11 **Sprich und schreibe die Wörter mit x, chs oder ks. Schreibe die Seitenzahlen des Wörterbuchs dazu.**

	Seite		Seite
der Mi x er	177	das Ta x i	236
der Lu x us	170	der Fu chs	129
die A chs el	78	die Ke ks e	155
der Te x t	237	der La chs	164
wa chs en	258	das Le x ikon	168
der Lu chs	170	lin ks	168

12 **Verbinde die Nomen (Namenwörter) und die Verben (Tunwörter), die zusammengehören.**

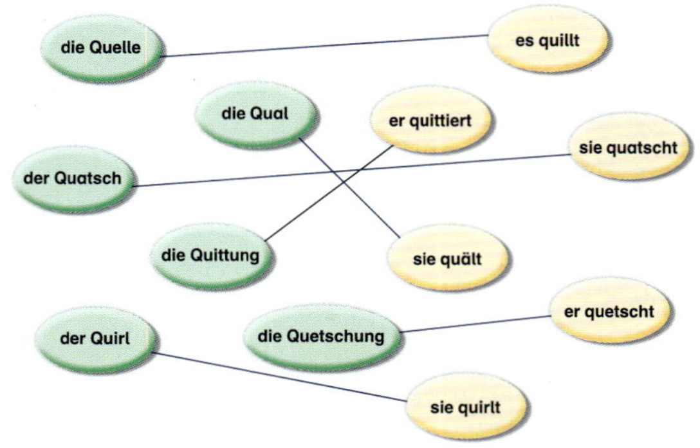

bauen

Kartoffeln an**bau**en
das Land be**bau**en
sich etwas ver**bau**en
der **Bau**er
die **Bäu**erin
das Ge**bäu**de
die Neu**bau**wohnung
der Acker**bau**
der Alt**bau**
der Fuchs**bau**
der Straßen**bau**
baufällig

binden

an**bind**en
ver**bind**en
zu**bind**en
das bunte **Band**
die **Bind**e
die **Bind**ung
der **Bind**estrich
der **Bind**faden
die Ent**bind**ung (Geburt)
die Ver**bind**ung
die Augen**bind**e
die Räuber**band**e
der Ver**band**
ver**bind**lich

brechen

aus**brech**en
ein**brech**en
sich er**brech**en
unter**brech**en
zer**brech**en
der **Bruch**
die **Brech**stange
die **Bruch**stelle
die Ge**brech**en alter Leute
das Ver**brech**en
der Ver**brech**er
der Zungen**brech**er
der Schiff**bruch**
der Wolken**bruch**
der Wort**bruch**
Das Land liegt **brach**.
ge**brech**lich
hals**brech**erisch

fahren

an**fahr**en
vorbei**fahr**en
weg**fahr**en
die **Fähr**e
der **Fahr**er
die **Fahr**t
die **Fähr**te im Sand
die **Fahr**bahn
das **Fahr**gestell
die **Fahr**karte
der **Fahr**plan
das **Fahr**rad
die **Fahr**spur
der **Fahr**stuhl
die **Fahr**trichtung
das **Fahr**zeug
der **Fuhr**mann
die Ein**fahr**t
die Müllab**fuhr**
die Vor**fahr**t
fahrbereit
fahrlässig
fahrtüchtig
Der Weg ist be**fahr**bar.

fallen

auf**fall**en
Er wird bei der
Prüfung durch**fall**en.
Er ist auf den
Trick hereinge**fall**en.
ver**fall**en
der **Fall**
der **Fall**schirm
das **Fall**obst
der Ab**fall**
der Durch**fall**
das Ge**fäll**e
Er tut mir einen
Ge**fall**en.
der Holz**fäll**er
die Mause**fall**e
der Not**fall**
der Un**fall**
der Zu**fall**
Die Miete ist **fäll**ig.
auf**fäll**ig
eben**fall**s
zu**fäll**ig

fliegen

die Stadt über**flieg**en
vorbei**flieg**en
die **Flieg**e
der **Flieg**er
der **Flug**
die **Flieg**erei
der **Flug**platz
das **Flug**zeug
der Gleit**flug**
der Papier**flieg**er
der Sturz**flug**

kaufen

ein**kauf**en
ver**kauf**en
der **Kauf**
der **Käuf**er
die **Kauf**frau
das **Kauf**haus
der **Kauf**laden
die **Kauf**leute
der **Kauf**mann
der **Kauf**preis
die Ein**kauf**stasche
der Ausver**kauf**
der Schlussver**kauf**
der Ver**käuf**er
die Ver**käuf**erin
käuflich
kauflustig

lehren

be**lehr**en
die **Lehr**e
der **Lehr**er
die **Lehr**erin
der **Lehr**ling
das **Lehr**amt
das **Lehr**buch
Da habe ich **Lehr**geld gezahlt.
der **Lehr**meister
der **Lehr**vertrag
der Ge**lehr**te
die Musik**lehr**erin
der Wald**lehr**pfad
lehrreich
ge**lehr**ig

lesen

vor**les**en
beim **Les**en
der **Les**er
die **Les**erin
das **Les**ebuch
die **Les**ekonferenz
die **Les**eratte
das **Les**ezeichen
leserlich schreiben

liegen

liegen lassen
herum**lieg**en
die **Lieg**e
der **Lieg**estuhl
die **Lieg**ewiese
gegenüber**lieg**end

nehmen

ab**nehm**en
etwas an**nehm**en
Geld ein**nehm**en
mit**nehm**en
an etwas teil**nehm**en
etwas übel**nehm**en
etwas unter**nehm**en
etwas weg**nehm**en
zu**nehm**en
sich zusammen**nehm**en
die An**nahm**e
eine Aus**nahm**e machen
der Unter**nehm**er
aus**nahm**sweise

sagen

an**sag**en
aus**sag**en
nach**sag**en
vor**sag**en
die **Sag**e
die Ab**sag**e
die Durch**sag**e
die Vorher**sag**e
die Wahr**sag**erin
sagenhaft

schlafen

schlafwandeln
aus**schlaf**en
ein**schlaf**en
ver**schlaf**en
der **Schlaf**
der **Schläf**er
der **Schlaf**anzug
die **Schlaf**mütze
der **Schlaf**sack
das **Schlaf**zimmer
der Sieben**schläf**er
der Winter**schlaf**
schlaflos
schläfrig
schlaftrunken

schreiben

ab**schreib**en
an**schreib**en
be**schrift**en
ver**schreib**en
vor**schreib**en
die **Schrift**
das **Schreib**heft
die **Schreib**schrift
der **Schreib**tisch
der **Schrift**steller
die An**schrift**
die Be**schreib**ung
die Unter**schrift**
die Vor**schrift**
schriftlich

setzen

sich auf einen Stuhl **setz**en
einen Motor in Gang **setz**en
einen Platz be**setz**en
mit der Fähre über**setz**en
einen Text über**setz**en
jemanden ver**setz**en
ein **Satz** im Buch
der **Setz**er
der (Pflanzen-)**Setz**ling
der Auf**satz**
das Ge**setz**
die Ver**setz**ung
be**setz**t
ent**setz**lich
uner**setz**lich

spielen

fair **spiel**en
mit**spiel**en
vor**spiel**en
das **Spiel**
der **Spiel**er
der **Spiel**platz
der **Spiel**verderber
das **Spiel**zeug
das Brett**spiel**
das Computer**spiel**
der Falsch**spiel**er
das Fußball**spiel**
das Nach**spiel**
das Theater**spiel**
spielerisch
ver**spiel**t

sprechen

miteinander **sprech**en
an**sprech**en
etwas be**sprech**en
frei **sprech**en (Redner)
frei**sprech**en (Gericht)
ver**sprech**en
wider**sprech**en
der **Sprech**er
die **Sprach**e
der **Spruch**
die **Sprech**blase
die **Sprech**stunde
das **Sprich**wort
die An**sprach**e
die Aus**sprach**e
das Ge**spräch**
sprachlich
sprachlos
an**spruch**svoll

zählen

er**zähl**en
nach**zähl**en
sich ver**zähl**en
die **Zahl**
der **Zähl**er
der **Zähl**erstand
die **Zähl**ung
das **Zahl**wort
der Er**zähl**er
die Er**zähl**ung
zahllos
zahlreich
un**zähl**ig

!

Ein **Verb** (Tunwort) kann auch **mit einem unbestimmten Artikel** (Begleiter) **oder einer Präposition** (Verhältniswort) **verbunden** sein.
Dann wird das Wort großgeschrieben.
Beispiel: ein Treffen, beim Tanzen

15 **Sprich und schreibe die Wörter mit den Nomen in die Tabelle.**

~~beim~~ das ein vom zum

Verb	Nomen
baden	Beim Baden singt Ali immer.
flüstern	Ich höre ______________.
warten	Tim mag ______________ nicht.
streicheln	Die Katze kommt ______________.
spielen	Zarah radelt ______________ nach Hause.

16 **Sprich und schreibe die Wörter richtig. Setze sie in die Sätze ein.**

lesen oder Lesen?

Meine Freunde lesen gerade das gleiche Buch. Beim ______________ lerne ich die deutsche Sprache. Wir ______________ den Text. Das ______________ ist nie langweilig. Vom ______________ bekommt man keine schlechten Augen.

kochen oder Kochen?

Meine Eltern ______________ gemeinsam das Festessen. Lorenz und Fatima gehen zum ______________ in die Küche. Eva und Tim ______________ für ihre Freunde. Das ______________ macht Spaß.

3 Großschreibung trainieren

!

Adjektive (Eigenschaftswörter) werden kleingeschrieben.
Beispiel: gut

Ein Adjektiv kann auch zu einem **Nomen** werden. Oft wird dann der Buchstabe **e** angefügt. Dann wird das Wort großgeschrieben.
Beispiel: gut – das Gute

Du kannst die „der - die - das -Probe“ im Satz anwenden.

„Das Gute liegt so nah.“ – Wird das Wort **gute** hier großgeschrieben?

In diesem Satz gehört zu dem Wort **gute** ein Artikel: **das Gute**. Also ist es hier ein Nomen und wird großgeschrieben.

17 **Sprich die Adjektive und schreibe die Nomen.**

Adjektiv	Nomen
eng	die Enge
kurz	das
großartig	das
alt	das
gleich	das
lustig	das
einfach	das

18 **Sprich und schreibe die Wörter richtig. Setze sie in die Sätze ein.**

LUSTIG Der Film ist sehr lustig.

LUSTIGE Das ______ war der Auftritt des Clowns.

EINFACH Das Gericht ist ______.

EINFACHE Anna wählt das ______.

ALTE Der ______ gibt ihm einen guten Rat.

ALT Das Fahrrad ist zu ______.

Steht nach dem **Adjektiv** (Eigenschaftswort) ein Nomen, dann gehört der Artikel (Begleiter) zu dem Nomen und das Adjektiv wird kleingeschrieben.
Beispiel: das **gute** Brot

19 **Schreibe die Wörter richtig auf. Achte auf die Großschreibung.**

BESTE	Ich mag das Beste.	Da ist das beste Geschäft.
GLEICHE	Ich mag das ______.	Da ist das ______ Buch.
NEUE	Ich mag das ______.	Da ist das ______ Auto.
ARME	Ich mag die ______.	Da ist die ______ Frau.
RICHTIGE	Ich mag das ______.	Da ist der ______ Lehrer.
BUNTE	Ich mag das ______.	Da ist die ______ Blume.
FREMDE	Ich mag die ______.	Da ist die ______ Stadt.

20 **Sprich und schreibe die Wörter. Setze sie richtig in die Sätze ein. Achte auf die Großschreibung.**

~~viel Interessantes~~ – interessant

etwas Neues – neu

wenig Schönes – schön

alles Gute – gut

Viel Interessantes höre ich in den Nachrichten.

Diese Zeitung ist ______.

Die Leute wissen heute etwas ______.

Diese Information ist ______ für mich.

In der Kiste finde ich wenig ______.

Das Wetter ist ______.

Ich wünsche dir alles ______.

Das Essen ist ______.

4 Verlängern

1 **Sprich die Sätze und höre genau.**

2 **Finde 5 verschiedene Nomen und ihre Pluralformen in den Sprechblasen. Schreibe mit zwei Farben.**

das Brot	die Brote

!

Wenn du nicht genau weißt, wie der letzte Buchstabe eines Wortes geschrieben wird, kannst du das Wort verlängern. Dann hörst du, wie du es schreibst.
Beispiel: der Ort, die Orte

!

Du kannst ein **Nomen (Namenwort) verlängern**, indem du den Plural (Mehrzahl) bildest. Dann hörst du, wie du das Nomen am Ende (Auslaut) schreibst.
Beispiel: das Geschen**k**, die Geschenke, der Stran**d**, die Strände, der Die**b**, die Diebe

Schreibe ich das Wort **Berg** am Ende mit g oder k?

Ich spreche **Berge**, also schreibe ich das Wort **Berg** mit g.

3 **Schreibe zuerst den Plural mit zwei Farben, schreibe dann den Singular richtig mit g oder k.**

die Berge	der Berg
______	die Fabri_
______	der We_
______	das Wer_
______	der Ta_
______	der Zwer_
______	die Bur_
______	der Ran_
______	das Geträn_
______	der Zwei_
______	die Richtun_
______	der Rin_
______	der Fin_
______	das Geschen_

4 **Schreibe zuerst den Plural mit zwei Farben, dann den Singular richtig mit d oder t.**

die Freunde	der Freund
______	der Mun_
______	das Pfer_
______	das Wor_
______	die Nach_
______	das Fel_
______	der Diaman_
______	das Bro_
______	der Ran_
______	das Kin_
______	der Aben_
______	der Wer_
______	das Hem_
______	das Lie_
______	das Ba_
______	der Her_
______	das Bil_
______	der Mona_
______	das Hef_
______	der Verban_
______	das Zel_

! Du kannst ein **Verb** (Tunwort) **verlängern**, indem du den Infinitiv (Grundform) bildest. Dann hörst du, wie du das Verb schreibst.
Beispiel: hupen – er hupt; zeigen – sie zeigt; halten – er hält

5 **Schreibe die Wörter in der 3. Personalform Singular mit dem richtigen Buchstaben g oder k.**

zeigen	sie zeigt
stinken	es ______
kriegen	er ______
jagen	er ______
legen	er ______
fangen	sie ______
winken	er ______
danken	sie ______
liegen	er ______
wiegen	er ______

6 **Schreibe die Wörter in der 3. Personalform Singular mit dem richtigen Buchstaben b oder p.**

leben	er lebt
hupen	er ______
lieben	er ______
geben	sie ______
stülpen	er ______
sieben	er ______
loben	er ______

4 Verlängern

! Auch **Verben** (Tunwörter) im **Präteritum** (1. Vergangenheit) kannst du **verlängern**. Dann hörst du, wie du sie schreibst.
Beispiel: er zo**g** – wir zogen

7 **Schreibe das Verb mit dem richtigen Buchstaben d oder t, g oder k, b oder p. Schreibe auch das verlängerte Verb im Infinitiv auf.**

1. Person Plural Präteritum	1. Person Singular Präteritum	Infinitiv
wir traten	ich trat	treten
wir bogen		
wir fanden		
wir taten		
wir hoben		
wir gaben		
wir logen		
wir hingen		
wir banden		
wir fingen		
wir sangen		
wir sanken		
wir gruben		
wir empfingen		
wir schoben		
wir mieden		
wir schrieben		
wir flogen		

> Du kannst ein **Adjektiv** (Eigenschaftswort) **verlängern**, indem du die zweisilbige Form bildest. Dann hörst du, wie du das Adjektiv am Ende (Auslaut) schreibst.
> Beispiel: klug – kluge, bunt – bunte, lieb – liebe

8 **Schreibe zuerst das verlängerte Adjektiv mit zwei Farben. Schreibe dann das Adjektiv mit dem richtigen Buchstaben: d oder t, g oder k, b oder p.**

d/t

Die harte Kiwi schmeckt nicht. Die Kiwi ist har t.

Die __________ Katze gehört Ali. Die Katze ist wil__.

Der __________ Weg geht durch den Wald. Der Weg ist wei__.

Der __________ Tee schmeckt gut. Der Tee ist mil__.

g/k

Der __________ Mann lebt im Dorf. Der Mann ist star__.

Die __________ Hose gefällt Lucia. Die Hose ist lan__.

Die __________ Frau geht zum Arzt. Die Frau ist kran__.

Die ______________ Aufgabe kann Ali lösen. Die Aufgabe ist schwieri__.

d/t

Der _________ Mantel hängt im Flur. Der Mantel ist ro__.

Das ____________ Kind schreit. Das Kind ist wüten__.

Die ___________ Stadt liegt im Osten. Die Stadt ist frem__.

Der _________ Zug ist voll. Der Zug ist spä__.

b/p

Das ___________ Kleid gefällt Fatima. Das Kleid ist gel__.

Der ___________ See ist nicht tief. Der See ist trü__.

Die ____________ Ausrede glaubt keiner. Die Ausrede ist plum__.

4 Verlängern

Man kann ein **Adjektiv** (Eigenschaftswort) **verlängern**, indem man die Steigerungsform bildet. Dann hörst du, wie du das Adjektiv schreibst.
Beispiel: lan**g** – länger, flin**k** - flinker

9 **Schreibe die Adjektive mit den richtigen Buchstaben am Ende. Schreibe zuerst die 1. Steigerungsform in zwei Farben.**

	Grundstufe	1. Steigerung
g oder k?	flin_k_	flinker
	jun__	
	kran__	
	klu__	
d oder t?	leich__	
	blon__	
	elegan__	
	gesun__	
b oder p?	trü__	
	lie__	
	plum__	

10 **Setze passende Adjektive von Aufgabe 9 in die Sätze ein.**

Der Bär bewegt sich _plump_______. Er ist nicht __________. Er ist langsam.

Meine Haare sind _____________.

Mein kleiner Hund ist noch sehr _____________.

Gestern war mein Vater _____________. Heute fühlt er sich wieder _______________.

Das Blumenwasser ist schon ganz _____________.

!

Verlängere das Wort, dann hörst du **s** oder **ss**.
Beispiel: der Prei**s** – die Prei**se**, die Nu**ss** – die Nü**sse**

11 **Schreibe die Wörter im Plural mit s oder ss mit zwei Farben. Schreibe den Singular mit Artikel dazu.**

die Gläser — das Glas

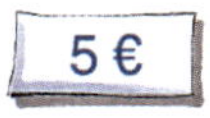

die Prei___e — ____________

die Gän___e — ____________

die Glei___e — ____________

die Lo___e — ____________

die Grä___er — ____________

die Nü___e — ____________

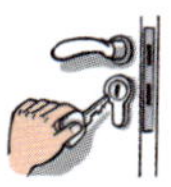
die Schlö___er — ____________

12 **Schreibe die Verben in der 3. Person Singular mit s oder ss.**

reisen	fassen	~~vergessen~~	küssen	müssen	essen
hassen	vermissen	verpassen	preisen	lesen	rasen

vergessen – er vergisst

5 Wortfamilien richtig schreiben

1 **Sprich die Sätze und höre genau.**

2 **Finde 8 Wörter mit dem gleichen Wortstamm in den Sprechblasen. Kreise den Wortstamm ein.**

Badezimmer ____________________ ____________________

____________________ ____________________

____________________ ____________________

____________________ ____________________

! Wörter mit demselben Wortstamm gehören zu einer **Wortfamilie**.
Beispiel: das **Spiel**, **spiel**en, **spiel**erisch, **Spiel**feld

Wörter haben einen **Wortstamm** und eine **Endung**. Verwandte Wörter haben den gleichen **Wortstamm**.

Beispiel: **spiel** **en**

Wortstamm Endung

3 **Kreise den Wortstamm ein.**

ich spiele	wir spielen
du spielst	ihr spielt
er/sie/es spielt	sie spielen

4 **Unterstreiche die Wörter aus der Wortfamilie „fahren". Schreibe sie auf.**

Lorenz und Johann fahren gern Fahrrad. Die Fahrt führt über eine schlechte Fahrbahn. Viele Fahrzeuge sind dort schon gefahren. Die Jungen sind gute Fahrer. Plötzlich knallt es. Ein Fahrradreifen ist geplatzt. Johanns Rad ist nicht mehr fahrtüchtig. Er kann nicht mehr weiterfahren. Sie müssen für die Rückfahrt den Zug benutzen. Lorenz liest den Fahrplan und die Jungen kaufen sich eine Fahrkarte.

fahren

5 **Kreise den Wortstamm bei den Wörtern von Aufgabe 4 ein.**

5 Wortfamilien richtig schreiben

!

Eine **Wortfamilie** kann aus verschiedenen Wortarten bestehen:
Nomen (Namenwort), Verb (Tunwort), Adjektiv (Eigenschaftswort).
Beispiel: der Schlaf, schlafen, schlaflos

Wie schreibe ich das Wort **schlaflos**?

Ein Tipp: Du findest es in der Wortfamilie **schlafen**.

Aha, das hilft mir, das Wort **schlaflos** richtig zu schreiben.

6 **Schreibe Wörter aus der Wortfamilie in die Tabelle.**

Nomen	Verb	Adjektiv
das Spiel	spielen	spielerisch
		schläfrig
der Fernseher		
		fahrbar
das Salz		
	stürmen	
	erkälten	
		rätselhaft
		zahlreich
der Traum		

7 **Kreise den Wortstamm bei den Wörtern von Aufgabe 6 ein.**

!

Der **Wortstamm** kann sich auch verändern.
Vokale **a**, **o**, **u** werden zu Umlauten **ä**, **ö**, **ü**.
Beispiel: das Land, die Länder

Der Zwielaut **au** wird zu **äu**.
Beispiel: der B**au**m, die B**äu**me

8 **Schreibe die Nomen im Plural. Schreibe die Seitenzahlen des Wörterbuchs dazu.**

Singular (Einzahl)	Plural (Mehrzahl)	Seite
das Land	die Länder	165
der Baum		
der Ast		
das Wort		
der Mund		
das Haus		
die Not		
der Ton		
die Kuh		
die Nacht		
der Zaun		
der Kamm		
die Maus		
der Kuss		
die Laus		
der Lohn		
das Huhn		
der Garten		

6 Ableiten

1 **Sprich die Sätze und höre genau.**

2 **Finde 6 Nomen und ihre Verkleinerungsformen in den Sprechblasen.**

Stock ______ Stöckchen ______

______ ______

______ ______

______ ______

______ ______

______ ______

! Du kannst ein Wort mit der Silbe **„chen"** verkleinern. Dann verändern sich die Vokale a, o, u und der Zwielaut au.
Beispiel: der Apfel – das **Äpfelchen**, der Ton – das **Tönchen**,
der Kuss – das **Küsschen**, die Maus – das **Mäuschen**

! Du kannst Wörter mit **ä** oder **äu ableiten**. Finde ein verwandtes Wort mit a oder au. Dann siehst du, wie du es schreibst.
Beispiel: H**ä**nde – H**a**nd, er r**ä**t – r**a**ten, R**äu**me – R**au**m

Schreibe ich das Wort **Hände** mit ä oder mit e?

Ich leite das Wort **Hände** von dem Wort **Hand** ab.

Also schreibe ich das Wort **Hände** mit ä.

3 **Schreibe die Wörter im Singular mit Artikel. Schreibe sie dann im Plural mit ä oder äu.**

die Hand	die H_ä_nde	______	die M___nner
______	die Str___nde	______	die V___ter
______	die ___rzte	______	die R___me
______	die Kr___ter	______	die B___che

4 **Schreibe die Verben im Infinitiv und in der 3. Person Singular. Schreibe die Seitenzahlen des Wörterbuchs dazu.**

Infinitiv	3. Personalform	Seite
graben	er gräbt	138
	er rät	
halten		
	sie fängt	
	er läuft	
	sie wäscht	
	sie verhält sich	
braten		
wärmen		

6 Ableiten

> Du kannst viele Wörter von einem Wort aus der Wortfamilie **ableiten**.
> Dann siehst du, wie du es schreibst.
> Beispiel: Gänse – Gans, erklären – klar

5 **Sprich und schreibe die richtigen Buchstaben: ä, äu oder ö.**
Verbinde die verwandten Wörter.

Europa	das Geb___de
klar	erkl___ren
malen	die L___nder
der Ast	die B___che
der Bauch	___ngstlich
die Angst	das Ger___sch
rauschen	die R___der
rot	das Gem___lde
backen	die Europ_ä_er
das Land	ern___hren
bauen	die ___ste
die Nahrung	die B___ckerei
das Rad	r___tlich
der Ort	die ___rtchen

6 **Setze passende Wörter von Aufgabe 5 in die Sätze ein.**

Laura und Albina nehmen ihre _Räder_ und reisen durch ____________.

Die ____________ leben in vielen verschiedenen ____________.

Die Mädchen besuchen kleine ____________, die besonders schön sind.

! Du kannst viele Wörter mit äu **ableiten** und ein verwandtes Wort mit au finden. Findest du **kein verwandtes Wort mit au**, schreibst du das Wort mit **eu**.
Beispiel: Europa, steuern

7 **Sprich und schreibe die Wörter mit äu oder eu. Schreibe das verwandte Wort mit au auf.**

die Str_äu_cher	der Strauch
die ___le	–
die L___se	________
die F___er	________
die Str___ße	________
die L___te	________
das St___er	________
die Tr___me	________

8 **Sprich und schreibe Wörter mit dem Wortstamm zeug. Achte auf die Artikel.**

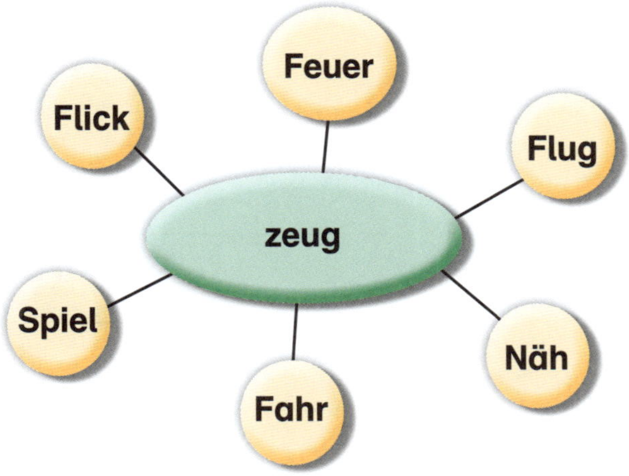

das Flickzeug	________
________	________
________	________

7 Merkwörter lernen

1 **Sprich die Sätze und höre genau.**

2 **Finde in den Sprechblasen alle Wörter mit ai und ei und schreibe sie auf.**

ai	ei
der Hai	

! **Merkwörter** kannst du nicht verlängern oder von einem verwandten Wort ableiten. Du musst sie dir merken.
Beispiel: der Mais, der Hai, die Waise

! Einige Wörter mit **ä** kannst du nicht von einem verwandten Wort mit a ableiten. Diese Wörter musst du dir **merken**, dann kannst du sie richtig schreiben.
Beispiel: Käfer, Mädchen

Wie merke ich mir diese **Merkwörter**?

Schreibe sie auf, diktiere sie einem Partner oder erfinde Merksprüche.

3 **Sprich und schreibe Wörter mit ä. Trage die Nomen mit Artikel und die Verben in ihrer Grundform in die Tabelle ein. Schreibe die Seitenzahlen des Wörterbuchs dazu.**

Ehre ~~Käse~~ Säge Keller Lärm mäht spät Geld
Mädchen Märchen Fenster Zecke März gähnen Ähre

	Seite		Seite
der Käse	154		

4 **Setze Wörter mit ä von Aufgabe 3 richtig in die Sätze ein.**

Aylin isst gern Brot und Käse am Abend.

Die Hunde machen viel ______________ und erschrecken den Postboten.

Opa liest gern __________________ vor.

Tim benutzt eine ______________ und baut einen Tisch.

Lorenz und Markus _______________ den Rasen sehr __________ im März.

Das _______________ pflückt im Kornfeld eine __________ .

7 Merkwörter lernen

! Einige Wörter schreibst du mit I/i und nicht mit ie.
Beispiel: Tiger, Igel

5 **Sprich und schreibe die Wörter mit I/i oder ie.**
Schreibe die Seitenzahl dazu.

der S___rup das T___r der T_i_ger der P___rat das Sp___l das L___d

der D___b das L___neal die Ros___ne die Pral___ne das F___ber

die S___rene die W___se der R___se das S___b die Z___trone

i	Seite	ie	Seite
der Tiger	238		

6 **Setze die Wörter mit i von Aufgabe 5 in die Sätze ein.**

Der ___Tiger___ ist gefährlich.

Der ________________ liebt das Meer. Im Hafen ertönt eine ________________.

Albina benutzt ein ________________ zum Unterstreichen.

Sie isst gern ________________ und ________________.

Die ________________ ist zu sauer. Der ________________ schmeckt süß.

! Einige kleine Wörter schreibst du im Wortstamm mit **Ih/ih**.
Diese Wörter musst du dir merken. Das stumme **h** sprichst du nicht.
Beispiel: ihm, ihn, ihr

7 **Sprich und schreibe die Wörter. Setze sie in die Sätze ein: ihre, ihr, ihn, ihm, ihnen.**

Anna feiert Geburtstag und will ___ihre___ Freundin Laura einladen. Sie schreibt ________ eine Karte. Auch Annas Freund Ali soll zu der Feier kommen. Anna lädt ________ heute in der Schule ein. Sie zeigt ________ den Weg. Annas Mutter hat schon etwas für alle Gäste vorbereitet. Sie backt ________ eine Torte.

! Wörter mit **stummem h nach den Vokalen a**, **o**, **u** und **e** sind auch Merkwörter.
Beispiel: fahren, Sohn, Zeh

8 **Sprich und schreibe die Wörter mit ah, oh, uh und eh. Schreibe die Seitenzahl dazu.**

	Seite		Seite
die S_ah_ne	208	der S____n	
f____ren		das ____r	
die Gef____r		das H_uh_n	
w____r		die ____r	
z____m		der St____l	
das J____r		der R____m	
der K_oh_l		der F_eh_ler	
das R____r		die L____rerin	
der B____rer		z____n	
die W____nung		n____men	

7 Merkwörter lernen

Einige Wörter mit a, e oder o schreibst du mit zwei Vokalen:
aa, ee, oo. Diese Wörter sind auch Merkwörter.
Beispiel: Haar, Tee, Zoo

9 **Ordne die Wörter nach dem Abc. Schreibe die Seitenzahlen dazu.**

die Himbeere das Heer der Zoo das Paar ~~der Aal~~
das Gelee der Looping das Boot die Waage
das Meer der Tee der See die Idee der Kaffee

	Seite		Seite
der Aal	76		

10 **Sprich und schreibe die richtigen Buchstaben: ee, aa oder oo.**
Verbinde die verwandten Wörter.

das Ehepaar	w ___ gerecht
die Waage	m ___ rig
die Seeleute	die Erdb ___ re
der Schnee	schn ___ weiß
das Moor	p aa rweise
das Beerenobst	die S ___ fahrt

> **!** Einige Merkwörter schreibst du anders, als du sie sprichst und hörst.
> Beispiel: se**chs**, lin**ks**, **Qu**elle, be**qu**em

11 **Sprich und schreibe die Wörter mit x, chs oder ks. Schreibe die Seitenzahlen des Wörterbuchs dazu.**

	Seite		Seite
der Mi_x_er	177	das Ta___i	
der Lu___us		der Fu___	
die A___el		die Ke___e	
der Te___t		der La___	
wa___en		das Le___ikon	
der Lu___		lin___	

12 **Verbinde die Nomen (Namenwörter) und die Verben (Tunwörter), die zusammengehören.**

- die Quelle
- die Qual
- der Quatsch
- die Quittung
- der Quirl
- die Quetschung

- es quillt
- er quittiert
- sie quatscht
- sie quält
- er quetscht
- sie quirlt

Rechtschreibtipps im Überblick

Du kannst Wörter richtig schreiben. Diese Strategien helfen dir.

Wörter und Silben mitsprechen

Du kannst die Wörter mitsprechen und dabei

- die Silben klatschen,

- die Silben schwingen,

- die Silben mit den Füßen stampfen.

Beispiel: die Schwester, die Klasse, der Zentimeter

Schreibe ich das Wort **Affe** mit einem f oder mit zwei ff ?

Ich spreche **Af-fe**, also schreibe ich das Wort Affe mit ff.

Großschreibung trainieren

Manche Wörter werden großgeschrieben.

- **Eigennamen** werden großgeschrieben. Beispiel: Peter
- **Das erste Wort im Satz** wird großgeschrieben.
  Beispiel: Ich hole meine Tasche. Wo ist der Bahnhof? Geh jetzt los!

- **Nomen (Namenwörter)**

  Nomen (Namenwörter) werden großgeschrieben. Nomen sind Namen von Menschen, Tieren, Pflanzen und Gegenständen.
  Beispiel: das Kind, der Hund, die Blume, der Hut

  Du kannst Nomen (Namenwörter) mithilfe der „der - die - das -Probe“ erkennen.

  Wird das Wort **Uhr** großgeschrieben?

  Zu dem Wort **Uhr** gehört ein Artikel: die **Uhr.** Also wird das Wort **Uhr** großgeschrieben.

  Nomen stehen im Singular (Einzahl) und im Plural (Mehrzahl).
  Beispiel: der Tisch, die Tische

- **Abstrakte Nomen (nicht gegenständliche Namenwörter)**

  Nomen (Namenwörter) können auch Gefühle und anderes benennen, das man nicht sehen kann.
  Beispiel: die Liebe, die Angst

  Auch diese Wörter sind Nomen und werden großgeschrieben.
  Du kannst sie mithilfe der „der - die - das -Probe“ erkennen.

  Oft haben diese Nomen den Wortbaustein -heit, -keit, -schaft, -nis oder -ung am Ende.
  Beispiel: die Schönheit, die Traurigkeit, die Freundschaft, die Finsternis, die Verlängerung

- **Nominalisierung (Verben und Adjektive werden zu Nomen)**

  Auch Verben und Adjektive können zu Nomen werden und werden dann großgeschrieben.
  Beispiel: Wir spielen im Schulhof. Das Spielen im Schulhof macht Spaß.
  Die Höhle war eng. Die Enge der Höhle war bedrohlich.

Verlängern

Wenn du nicht weißt, wie der letzte Buchstabe eines Wortes geschrieben wird, kannst du das Wort verlängern. Dann hörst du den Buchstaben besser.

- Du kannst ein Nomen (Namenwort) verlängern, indem du den Plural (Mehrzahl) bildest.
  Beispiel: das Kin**d** → die Kinder
- Du kannst ein Verb (Tunwort) verlängern, indem du die Grundform bildest.
  Beispiel: er le**b**t → leben
- Du kannst ein Adjektiv (Eigenschaftswort) verlängern, indem du die Steigerungsform bildest.
  Beispiel: lau**t** → lauter

Schreibe ich das Wort **Berg** am Ende mit g oder k?

Ich spreche **Berge**, also schreibe ich das Wort **Berg** mit g.

Wortfamilien richtig schreiben

Wörter einer Wortfamilie haben den gleichen Wortstamm.

- Den Wortstamm findest du in verschiedenen Wortarten einer Wortfamilie.
  Beispiel: der **Mal**er, er **mal**t, **mal**erisch
- Der Wortstamm kann sich verändern.
  Beispiel: **kalt**, die **Kält**e, er**kält**en

Wie schreibe ich das Wort **schlaflos**?

Ein Tipp: Du findest es in der Wortfamilie **schlaf**en.

Aha, das hilft mir, das Wort **schlaflos** richtig zu schreiben.

Ableiten

Du kannst Wörter mit ä oder äu ableiten, wenn du ein verwandtes Wort mit a oder au findest.
Beispiel: die M**ä**nner → der M**a**nn,
die B**äu**me → der B**au**m

Schreibe ich das Wort **Hände** mit ä oder mit e?

Ich leite das Wort **Hände** von dem Wort **Hand** ab.

Also schreibe ich das Wort **Hände** mit ä.

Merkwörter lernen

Die Schreibweise mancher Wörter kannst du nicht durch Strategien herleiten, du musst sie dir merken.

- Wörter mit ai: der Hai, der Kaiser, der Mais
- Wörter mit ä, die man nicht von Wörtern mit a ableiten kann: das Mädchen, die Säge
- Wörter mit i statt ie: der Tiger, die Rosine
- Wörter mit ch: der Chor, der Christ
- Wörter mit V/v: der Vogel, vier
- Wörter mit Qu/qu: das Quadrat, überqueren
- Wörter mit zz: die Pizza, die Skizze
- Wörter mit y: das Handy, das Baby, die Hyazinthe

Rechtschreibtipps im Überblick

- Wörter mit dt: die Stadt, verwandt
- Wörter mit einem ks-Laut: der Fuchs, links, das Taxi
- Wörter mit einem Doppelvokal: das Haar, das Meer, der Aal, das Boot, der Kaffee

Wie merke ich mir diese Merkwörter?

Schreibe sie auf, diktiere sie einem Partner oder erfinde Merksprüche.

Nachschlagen im Wörterbuch

Du kannst Wörter immer auch im Wörterbuch nachschlagen.

- Du brauchst die Buchstaben in der Reihenfolge des Abc, wenn du ein Wort finden willst.
  Beispiel: die **G**itarre
- Im Wörterbuch sind die Hauptstichwörter fett gedruckt.
  Beispiel:

der **Ge|ruch**, die Gerüche, geruchlos

das **Ge|rücht**, die Gerüchte

Wie schreibe ich das Wort **Hygiene**?

Ich schaue **beim Buchstaben H** im Wörterbuch nach.

Fachbegriff	Erklärung	Beispiel
Adjektiv	**Eigenschaftswort**	
	Eigenschaftswörter beschreiben, wie jemand oder etwas ist.	rot, gut, sonnig
	Eigenschaftswörter können gesteigert werden.	schnell – schneller – am schnellsten
• **Grundstufe**	• Grundstufe des Adjektivs	schnell
• **Komparativ**	• 1. Steigerungsform	schneller
• **Superlativ**	• 2. Steigerungsform	am schnellsten
Artikel	**Begleiter**	
	• **bestimmte** Begleiter sind: der, die, das	**der** Baum, **die** Maus, **das** Glück
	• **unbestimmte** Begleiter sind: ein, eine	**ein** Hund, **eine** Katze, **ein** Huhn
Diphtonge	**Zwielaute**: äu, au, eu, ei, ai	Tr**äu**me, **Au**ge, L**eu**te, Kl**ei**d, M**ai**s
Infinitiv	**Grundform des Verbs**	red**en**, sing**en**, tanz**en**
Konjunktion	**Bindewort**	
	und, oder, weil, dann, sodass, denn, obwohl …	Wir freuen uns **und** kommen gern. Sie ist wütend, **weil** du nicht kommst.
Konsonant	**Mitlaut**	b, c, d, f, g, h, j, k, l, m, n, p, q, r, s, t, v, w, x, y, z
Nomen	**Namenwort**	Peter, Baum, Maus, Glück
Personalform	**Personalform des Verbs**	
	Die Personalform gibt an, wer etwas tut. Die Endungen ändern sich.	**ich** rede, **du** redest, **sie** redet
Plural	**Mehrzahl**	
	Nomen können in der Mehrzahl stehen.	**die** Hunde, **die** Kühe, **die** Pferde
Präposition	**Verhältniswort**	
	am, um, durch, mit, über, nach, bei …	**auf** dem Baum, **hinter** der Hecke, **im** Haus

Begriffe zur Rechtschreibung und Grammatik

Fachbegriff	Erklärung	Beispiel
Pronomen	**Fürwort**	
• **Personalpronomen**	• **persönliches Fürwort** ersetzt ein Nomen: ich, du, er, sie, es, wir, ihr, sie	**Ali** fährt Fahrrad. **Er** fährt Fahrrad.
• **Possessivpronomen**	• **besitzanzeigendes Fürwort** mein, dein, sein, unser, euer, ihr	**mein** Wörterbuch, **dein** Auto, **seine** Hose
• **Demonstrativpronomen**	• **hinweisendes Fürwort** dieser, diese, dieses, jener, jene, jenes	**dieses** Buch, **diese** Hose, **jener** Tisch
Singular	**Einzahl** Nomen können in der Einzahl stehen.	**der** Hund, **die** Kuh, **das** Pferd
Umlaute	ä, ö, ü	Sätze, Öfen, Pfütze
Verb	**Tunwort**	leben, rechnen, tanzen
	Tunwörter sagen, was man tut oder was geschieht.	sie **lebt**, sie **lebte**, sie **hat gelebt**, sie **wird leben**
	Das Verb kommt in verschiedenen Zeitformen und verschiedenen Personalformen vor.	ich leb**e**, du leb**st**, sie leb**t**, wir leb**en**, ihr leb**t**, sie leb**en**
Vokal	**Selbstlaut**	a, e, i, o, u
Zeitformen des Verbs	Verben stehen in verschiedenen Zeitformen. Sie geben an, in welcher Zeit etwas geschieht.	
• **Präsens**	• **Gegenwartsform**	Ich **male** ein Bild. Du **schreibst** einen Brief.
• **Präteritum**	• **einfache Vergangenheitsform** Sie wird meistens schriftlich verwendet.	Ich **malte** ein Bild. Du **schriebst** einen Brief.
• **Perfekt**	• **zusammengesetzte Vergangenheitsform** Sie wird meistens im mündlichen Sprachgebrauch verwendet.	Ich **habe** ein Bild **gemalt**. Du **hast** einen Brief **geschrieben**.
• **Futur**	• **Zukunftsform** Sie wird gebraucht, wenn etwas in der Zukunft geschieht.	**Ich werde** ein Bild **malen**. **Du wirst** einen Brief **schreiben**.